〈おたすけモンスター〉シリーズ①

心配ないよ、だいじょうぶ

子どもが不安を克服するためのガイド

ポピー・オニール 著
渡辺滋人 訳

創元社

DON'T WORRY, BE HAPPY by Poppy O'Neill

Japanese translation published by arrangement with Summersdale Publishers Ltd.
through Tuttle-Mori Agency, Inc., Tokyo

目　次

まえがき

アマンダ・アシュマン-ウィムズ
（心理カウンセラー）

２人の娘を育て、10年以上、公私にわたって多くの子どもたちの診療・相談に関わって来た経験から、私には気になることがあります。今日私たちの社会のあちこちで、多くの子どもたちが不安な気持ちをかかえていることです。症状や原因を理解し、その感情や行動にどう対処すべきかを突き止めるのは、子ども自身にとっても親にとっても容易なことではなく、困惑してしまうことも多いでしょう。

ポピー・オニールの『心配ないよ、だいじょうぶ』は、そういった子どものためのやさしく楽しいワークブックです。子どもが自分で使うこともできますが、特に年少のお子さんの場合、親や他の保護者と一緒に取り組むのが良いでしょう。

この本は不安な気持ち、考え、体験についての説明や例をわかりやすく示し、そういう事態をどう理解し、どう乗り越えていくべきなのかを子どもとともに考えていきます。この本で特に私が気に入っているのは、子どもの心に強い印象を残すように前向きに語りかける姿勢、そして子どもたちが実際に不安にどう対処しているかについて、豊富な具体例をあげている点です。幼い間は、そんな恐れや不安を抱いているのは自分だけだと思い込みがちですから、ほかの子も同じだとわかれば、ずいぶん心が軽くなるでしょう。

不安の感覚や思考には、この先に起こるかもしれないことへの懸念がつきものなので、「今」に集中する“マインドフルネス”という心のあり方を学ぶことも、症状に向き合い、乗り越えようとする際に、大変役に立ちます。子どもは自分の呼吸・体・感覚を通して「今この瞬間」に経験している現実に集中するほど、穏やかな幸福感を自然に体得できるものなのです。

この本は、困難な時を過ごしている子どもたちを励まし、子どもが自分の力で歩みを進めていくうえで、貴重なサポートになるでしょう。

保護者のためのガイド

この本の使い方

『心配ないよ、だいじょうぶ』は、不安に対処するための子ども向き実践ガイドです。児童心理学者の手になる認知行動療法のテクニックを活用しながら、シンプルな実践と勇気づける語りかけによって、お子さんが不安な思考と感情を克服できるように手助けしてくれるでしょう。

そもそも不安というものは、もとをただせば人類の黎明期にまでさかのぼる進化に関わる現象なのです。辺りにサーベルタイガーがうろついていた時代、洞窟に暮らしていた私たちの祖先にとって、潜在的な脅威に対する過度と思えるほどの警戒心は、しばしば生死を分ける要件だったはずです。現代の人間にとっても、賢明な判断を下し危険な状況を避けるために、不安や恐れは役に立っています。時に応じた不安な心情というものが正常の範囲にある一方、不安の肥大化によって平穏な生活が脅かされるという問題があります。

深刻な問題から些細なことがらまで、心配ごとが一切ないという人はいないでしょう。まして子どもは、他の年代に比べても心配や恐れに染まりやすいように見えます。時には大人がどんなに子どもを安心させようと骨を折っても、なんらかの事柄が子どもの心をとらえて離さないという状況があるかもしれません。不安の扱いにくさは、それが理論どおりにはいかないという点にあります。不安は現実に即した心配としてあらわれることもあれば、まったく非現実的な恐怖心という形をとることもあるでしょう。子どもにとって、それを説明したり振り払ったりすることは容易ではありません。

自分がまだよちよち歩きだったころ、誰かから引き離される不安にとらわれたのを、思い出すことがあるでしょうか。幼い子どもなら、親や保護者から離れるときに泣いたり、しがみついたりするでしょう。引き離される不安というものは、発達段階として正常で健康的な心情といえるでしょうが、不安は実にさまざまな形をとってあらわれます。ときには一時的な心の状態を越えていつまでも残り、子どもに過度のストレスを与えることにもなりかねません。

この本はおおむね、7歳から11歳くらいまでの年齢の児童を対象としています。この年齢にも多くの悩みごとはありそうです。試験、友だちとのけんか、体に起こる変化、自分や他者の身体的な個性……、こういったことはみな目新しく、ときには厄介な問題になることもあるでしょう。現代の子どもはこの年代でソーシャルメディアを使い始めるかもしれません。ニュースや流行のメディア、世界の出来事についての知識も、飛躍的に増えます。不安な季節が始まらないはずがありません。

不安のサイン

不安が子どもにとって問題となっているかどうか、その目安になるサインを以下に挙げてみましょう。これらのサインは、常習化している場合もあれば、ある状況下で限定的にあらわれる場合もあります。

- 新しいことをやってみようとしない。
- 日々の課題がこなせない。
- 集中するのがむずかしそうに見える。
- よく眠れない。しっかり食べられない。
- すぐに腹を立てる。
- 頭から振り払いたいのに、嫌な考えに悩まされる。

- 何か良くないことが起こるのではないか、とひどく心配する。

- 学校に行く、友だちと会う、外出する、などの日常的な活動を避けようとする。

- 絶えず安心・安全を確かめたがる。

以上のような行動のどれかに気づいたときは、メモをとっておくとよいでしょう。どこで起こったのか？　その直前に何があったのか、何がありそうだったのか？　こうしておくと、お子さんに不安を与える特殊な状況がある場合、それを突き止めることができます。

不安や心配というものは、子どもたちにとって話しやすいものではないことを忘れないでください。でも子どもたちに手を差し伸べるのに、遅すぎるということは決してありません。

語り合う

子どもが不安感に苦しんでいるとき、大人はその不安の対象から切り離して子どもを守ってやりたくなるものです。「パーティーのことが心配なら、行かなくていいよ」と言ってしまうかもしれません。でもその場合、子どもは不安な気持ちになるのは自分にやり遂げる能力がないからだ、というメッセージを受け取ってしまうでしょう。

子どもが悩んでいることの核心をつかむためには、考えられる状況を落ち着いて吟味しながら、本人と徹底的に話し合うことが大切です。うまくいかない場合のあれこれをあげつらうよりも、その解決策や現実的な結果に光を当ててください。支援の手を差し伸べ、子どもの言うことを真剣に受け止めているということを納得させましょう。自立した、自信あふれる若者に成長していくためには、子ども自身が否定的な思考や感情をうまくコントロールできるようになることが欠かせません。

取り組みのスタート

この本に示された各テーマと作業を、お子さんが一段階ずつ進めていくように導いてあげましょう。標準的なペースとしては週に1回、または数日おきに1つの課題をこなしていくのが良いと思いますが、お子さん自身にペースを設定させ、自力で課題に取り組んでいけるようにしてください。独立心を促して、自分の力でチャレンジしていけるという感覚を育むことが大切です。各課題は、不安の理解と克服に必要なツールを提供しながら、お子さん自身が自分を見つめ直し、心配ごとにどう対処すべきかを考えられるように構成されています。本人の気持ちが落ち着いて、「できる」と感じられれば、日々のチャレンジに対処する準備が整ったということになります。あなたはお子さんを支える存在であること、たとえ些細に見えてもその悩みをあなたも真剣に考えていることを、お子さんが納得することが何よりも大切です。本人が新たな習慣を身につけ、自分の力で問題に対処する手助けをしながら、彼らの心に自信が育つのを見守ってください。

この本のねらいは、あなたとお子さんが不安な考えや感情を正しく理解し、適切に取り組んでいく手助けとなることです。ただしここで語られている内容を越えて、お子さんの精神状態に何か深刻な懸念があるときは、医師やカウンセラーに相談されることをお勧めします。

〈この本の使い方〉子どものためのガイド

こんな気持ちになることがよくあれば、この本はきっとあなたの役に立ちます。

- ✿ 何かがとても気になったり、心配でしかたがなかったり、ひどくこわい思いをする。
- ✿ おそろしい考えが頭をはなれない。
- ✿ 心配で、お母さんやお父さん、先生からはなれたくない。
- ✿ 心配や悩みのせいで、疲れを感じたり気分が悪くなったりする。
- ✿ 気になることがあって、楽しそうなことにも加われない。

しょっちゅうでも、ときどきでも、こういうことがあるなら、そんなあなたに役立つアイデアやアドバイスがこの本にはいっぱいつまっています。あなたが自分の悩みに打ち勝ち、強い気持ちと自信を取りもどす手助けをしてくれます。自分のやりやすいペースで進んでいけばいいのです。けっしてあわてることはありません！

何かがうまくいかなかったり、本に書いてあることについてだれかに話したいと思ったら、信頼できる大人に相談するのがいいでしょう。ただ聞いてもらうだけでもいい。その大人はお父さんでもお母さんでもいいし、先生やだれか世話をしてくれる人、お兄さん、お姉さん、おじいちゃん、おばあちゃん、おじさん、おばさん、あるいは近所の親しい人でもかまいません。あなたがよく知っていて、話しやすいと思う人がよいでしょう。

おたすけモンスター
フィズ

こんにちは！ ぼくはフィズ、この本できみのガイドをするんだ。いろんな作業(さぎょう)をいっしょにやったり、新(あたら)しい考えを紹介(しょうかい)したりするのが楽しみだ。用意(ようい)はいいかい？ 始(はじ)めるよ！

パート1

不安ってどんなもの？

ここでは、不安についていろいろ学んでいきます。不安ってそもそも何なのか、どんな感じがするものなのか、なぜそういう気持ちになるのか……。

不安は、わたしたちが何か気になって落ち着かなかったり、こわがったり、心配したりするときに感じる気持ちです。

やってみよう！　まず自分のことを整理する

まずあなたについて、そしてあなたの大切なものについて、整理してみましょう。

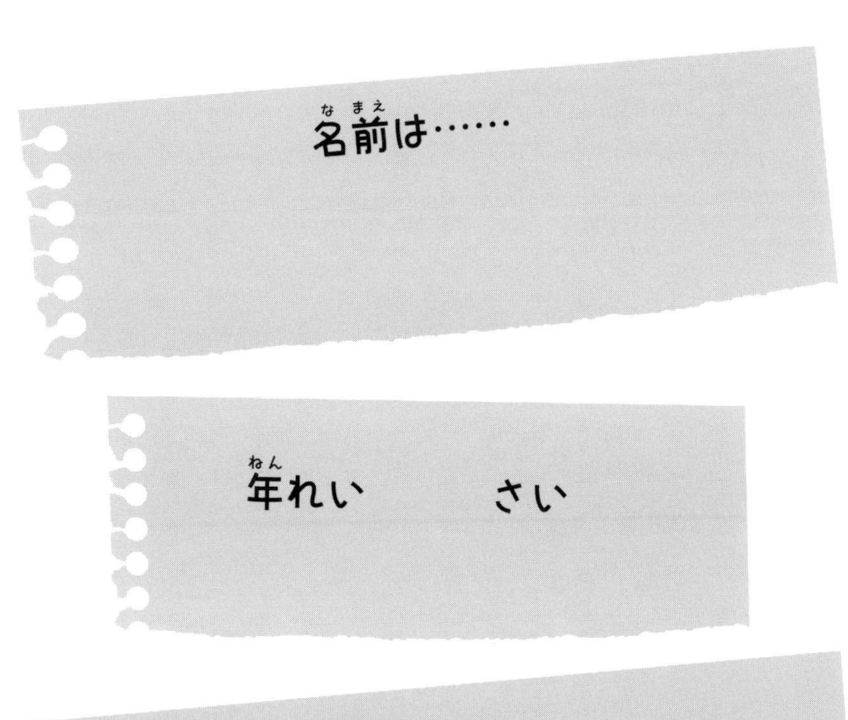

家族は……

わたしの好(す)きなもの……

楽(たの)しいと思(おも)うこと……

得意(とくい)なこと……

自分が好き、
自分を大切にしたい。

感情ってどんなもの？

人の心はいろいろな気持ちをかかえこみます。ものごとについてどう感じているか、そういう気持ちのことを「感情」ともいいます。感情は身のまわりで起こることで変化するし、自分の考え方によっても変化します。

- ✿ 感情の波は小さくておだやかなときと、大きく荒れるときとがある。いい気分のときもあれば、イヤな気分になることもある。

- ✿ だれにも感情があるけれど、その人が今どう感じているかは、見かけではわからないことも多い。

- ✿ ある感情が心の中にわいてくると、その感情が体じゅうをめぐって、さらにあまりよくない気持ちや考えにつながってしまうことがある。

- ✿ 自然にわき上がってくるどんな感情でも、それを感じること自体は問題ではない。たとえそれが悲しみとか怒りとか、あまりよくない感情でも。

心に感じるさまざまな感情、気持ちに名前(なまえ)をつけると、わたしたちは自分の心の状態(じょうたい)について人と話し合うことができます。ところで、もしそれぞれの感情に色があるとすれば、どんな色になるでしょう？　ここではあなたが思い描(えが)く色を、下の丸の中にぬってみましょう。

ほかにももっといろいろな感情(かんじょう)や気分(きぶん)がありますか？　あると思ったら、それを丸の中に書きこんでみましょう。

なぜ不安な気持ちになるの？

だれでも毎日さまざまな感情を味わいます。ときには、楽しくない気分が心の中に広がって、落ち着かないこともあります。今、あなたはどんな気分を感じていますか？（好きなだけたくさん書いてみましょう。）

〔例〕落ち着いている、悲しい、おなかがすいた……

はじめは心の中の小さなかけらだったものが、心配のタネになって頭からはなれないようなときに、不安な気持ちになります。そうなると、ほかのことを考えるゆとりもなくなってしまいます。前に起こったイヤなことがまたくり返されるとか、なにか良くないことが自分や大好きな人に起こるかもしれないとか、気になってしかたがありません。もしかしたら暗いところがこわくて、考えただけで体がゾクゾクすることがあるかもしれませんね。

不安でしかたがないのに、なぜなのかをうまく説明できない、あるいは自分の悩みはほかの人にはわからない、などと思いこんでしまうこともあるでしょう。

不安は人間ならだれでも経験する感情のひとつに過ぎません。ごくふつうの感情です。実際には、あなたが無事に生きているのも、かしこい選択をできるのも、ある意味では貴重なこの気分のおかげなのです。人類は大昔から危険を避けるために、恐怖や緊張を感じるように進化してきたのです。

いろんな感情があるけど、どれも不安と結びついているんだ。

石器時代には、恐ろしいサーベルタイガーに用心しなくてはならなかった。ドキドキしながら……

今、不安や心配のおかげで、わたしたちはいろんな危険に注意することができる。

何か新しいことを
やってみようか。

やってみよう！　フィズはどんな気持ちになる？

友だちがはなれていきます。みんな今日はフィズと遊びたくないようです。フィズはどんな気持ちになると思う？ あなたの考えを書いてみよう。

よく書けました！ 友だちが仲よくしてくれないと、いろんな思いが心にわいてくるよね。そのあと長いことそのときのイヤな気分が思い出されて、また同じことが起こるんじゃないかって心配になるよね。

不安だと、どんな感じになる？

何かが気になったり、イライラドキドキしたり、こわい思いをしたときに、わたしたちは不安を感じます。

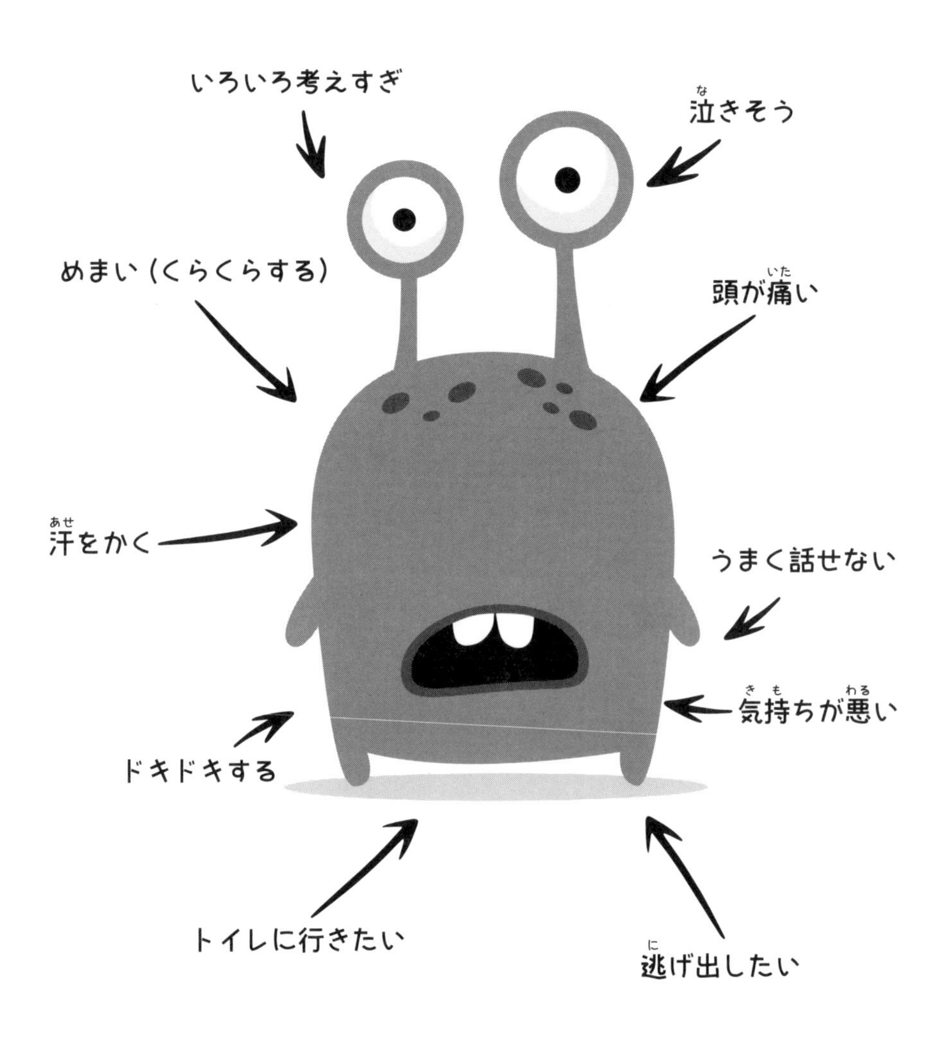

どんなことが心配のタネになる？

心配ごとをかかえているのは、あなただけではありません。だれにでも不安のタネがあります。ただ外から見ても何が心配なのかはわかりません。あなたと同じぐらいの年れいの子が、どんなことで不安を感じるかを考えてみましょう。

- ✿ 悪い大人（犯罪者）
- ✿ おばけ
- ✿ 家で一人ぼっちになる
- ✿ 死ぬこと
- ✿ 病気
- ✿ 勉強がわからない
- ✿ 学校で気持ちが悪くなる
- ✿ 仲間はずれ

ほんとうにイヤだと思うことも、たいしたことではないものも混ざっているでしょうね。あなたが気にしているものが、ここにはあがっていないかもしれません。人間の頭の中って、とても複雑です。みんないろいろなことを気にしているのです。

不安の感じ方にもいろいろあります。

- ✿ ある特別のことがとても気になる。
- ✿ いくつものちょっとしたことが気になって、いつも不安を感じている。
- ✿ 親とはなれたり、知らない人に会ったりすることを不安に思う。
- ✿ 何か良くないことが自分や身のまわりで起こるのではないかと気になる。
- ✿ ものごとをくり返し何度も確かめたり整えたりしないと、まずいことになると思いこむ。

人にもよりますが、なかには自分が何かまちがったことをしたと思いこみ、自分やだれかを傷つけているのではないかと想像して、不安になる子がいます。もしあなたがこんな考え方をしているなら、ちょっと思い起こしてみましょう。**考えは現実ではない**、ということを。何かを想像したからといって、それがほんとうに起こるわけではありません。ちょっと一休みして、深呼吸してみましょう。信頼できる大人に自分の心配を話してみれば、こうした考え方のくせをどうすればいいか、いっしょに考えてくれるでしょう。

何か良くないことが自分や身のまわりに起こった場合に、それが自分のせいではないか、またくり返されるのではないか、と心配になることもあるでしょう。でもこれはごく当たり前の反応です。不安を軽くするもっともよい方法は、だれかに話してみることです。あなたが話しやすいと思う大人なら、しっかりと耳をかたむけてくれるはずです。そしてあなたが自分の心配ごとをもっとよく理解できるように、手助けしてくれるでしょう。

だれでもみんな
不安（ふあん）になる。

やってみよう! 心配のタネ

人によってちがうことで心配になったり、不安になったりします。1つのことが気になることもあれば、たくさんのことが気になる場合もあるでしょう。2つの例を紹介しましょう。

はる君は病気にかかることを心配しています。だれかが病気だと聞くと、病気をうつす菌のことがとても気になります。気になって、ちゃんと食事ができなくなったり、何度も何度も手を洗ったりします。

りなさんは夜寝るとき、ベッドの下に何かがいるのではないかと、不安になります。真っ暗になると確かめてみるのもこわいし、ベッドを出て親に話しに行くのもこわいし、でも気になってしかたがありません。そのことが頭からはなれなくて、眠れなくなることもあります。

あなたは、どんなときに不安になりますか？　たとえば「お母さんからはなれるとき」などというように、思いつくだけ書き出してみましょう。

不安を感じたら、どんなふうにふるまいますか？ 思いつく行動を書いてみてください。絵をかいてもかまいません。

〔例〕お父さんからはなれないで、お母さんはいつ帰るか、お母さんはだいじょうぶかと何度も聞いてみる。

不安になったとき、少しのあいだ気分がましになるようなことはできても、結局感じ方を変えることはできない、という場合があります。似たような状況ではやはり同じことを感じてしまうので、つぎもまた不安な考えが頭をもたげてきます。考え方やふるまい方を変えることで不安に打ち勝つ方法については、もう少し後のほう（67ページ）で考えてみます。

パニック発作

ときには不安がとても強くて、体の状態がおかしくなってしまうこともあります。「パニック発作」とよばれる症状です。

発作が起こると、めまいや体の熱さを感じたり、気持ちが悪くなったり、心臓がドキドキしたりします。

恐ろしくてイヤな体験ですが、パニック発作自体はあなたを傷つけるものではありません。もし、発作におそわれていると感じたとしても、その真っ最中にできることがいくつかあります。

1. 近くにだれかいれば、助けを求めよう。ただ静かに寄りそってもらうだけでも、気持ちが落ち着いてくるかもしれない。

2. 目を閉じる。

3. パニックはすぐに過ぎ去り、実際に害をおよぼすものではないことを思い出す。

4. 呼吸に集中する。5つ数えながら深く息を吸いこみ、ゆっくりと息を吐く――1、2、3、4、5 。

5. 発作が過ぎ去っても、疲れやのどの渇きが残ることがある。あわてないで、自分がしていたことにもどれるようになるまでリラックスする時間をとろう。

不安がうんと高まりそうなときに自分を落ち着かせるやり方については、あとでまた触れます（41ページ参照）。

イヤな気分になるのは
ふつうのこと、
やがて過ぎ去る。

パート2

心配ごとをどうあつかう？

パート2では、不安のあらわれ方についてさらに学び、落ち着きをとりもどすのに役立つ技を見つけよう。

やってみよう！ いい気分のとき、不安(ふあん)なとき

いい気分のとき、頭の中はどんな感じ？　どんなこと考えている？
下のハッピーな脳(のう)みその中に、書きこんでみよう。絵をかいてもいいよ。
〔例〕家族のこと、楽しい思い出、好きな遊び

　不安でイヤな分のときは、頭の中はどんな感じだろう？ どんなこと考えている？
　下の不安な脳みその中に、書きこんでみよう。絵でもいいよ。
　〔例〕イヤな思い出、こわいことがまた起こりそう

　いい気分のときと不安なときの頭の中は、ずいぶん違っているようですね。考えていることが違えば、気持ちも変わってきます。どんな感情を味わうかで、脳のはたらき方も変わってくるのです。

まちがっても、
かまわない。

体と心の声に耳をかたむける

　あなたが不安を感じるとき、その不安な気持ちは感情をコントロールする脳の部分からやって来ます。もし脳が危険を感じとれば（実際には危険ではなくても、あなたにとって気になることがあれば）、脳のコントロールセンターは体じゅうに信号を送ります。そのために心臓がドキドキしたり、汗をかいたり、気持ちが悪くなったりするのです。
　不安な気持ちが体の中にわいてきても、あわててパニックにおちいらないように！　自分で落ち着きをとりもどすために、どこでもすぐできることをあげてみます。

- ✿ 10から反対にゆっくり数えてみる。
- ✿ 足の下の地面のことを考えてみる。地面はどんな感じかな？
- ✿ 目の前に熱いココアのはいったカップがあると想像してみよう。ココアに息を吹きかけて、冷ましてみて。
- ✿ 目を閉じて、きれいな花だんを想像してみよう。どんな花や草が見える？ 細かいところまで思いえがいてみよう。
- ✿ ひと息ついて、目に見える４つのものに注意を向けてみる。つぎに耳に聞こえるもの３つ、手でさわれるもの２つ、最後ににおいのするもの１つに注意を向けてみよう。それぞれの名前を言ってみよう。声に出してもいいし、心の中で言うだけでもかまわない。

何か心配ごとがあって、
どうしたらいいか
わからないときは、
だれかに助けてもらおう。

不安の進み方

心の中に不安が生まれて大きくなりはじめると、ほんとうにこわくなるよね。不安は、山の形のように進むのがふつうです。

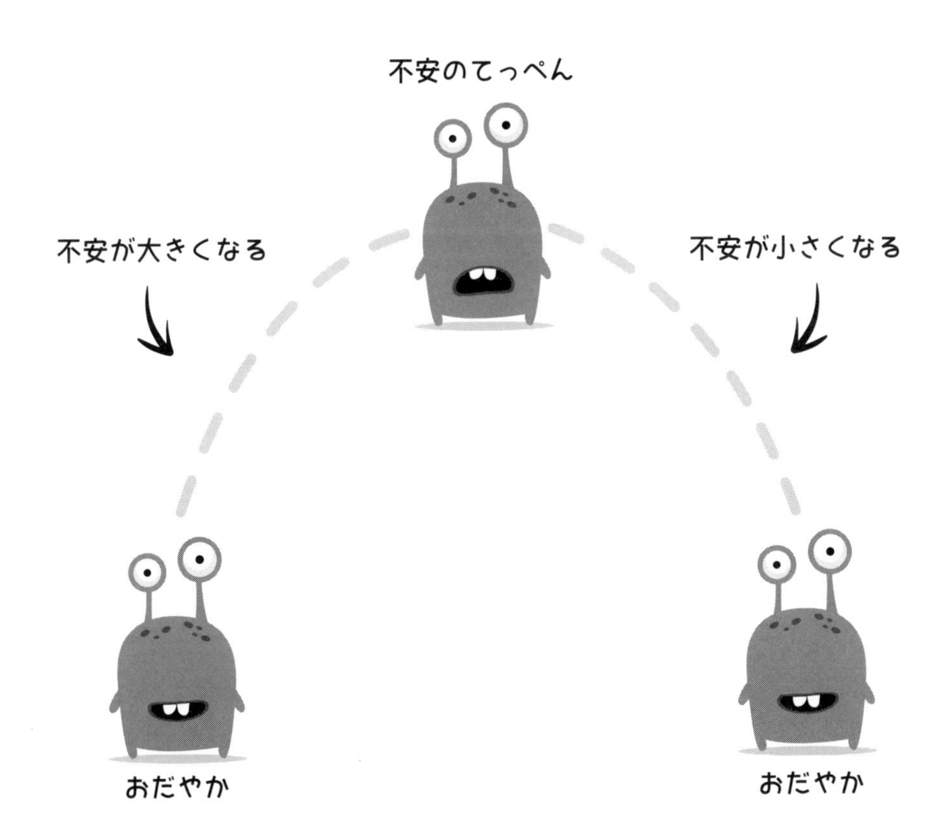

不安が坂道を登りはじめたら、こんな絵を想像してみましょう。山のてっぺんは不安がもっとも高まるところです。てっぺんに到達したら、その状態はもうそんなに長く続かない、向こう側におりていくだけだってことを忘れないように。あなたの心はだんだん落ち着いてきて、不安な気持ちは消えてしまいます。

やってみよう! 手形を使って深呼吸する

いつでもどこでもできるとてもかんたんな呼吸法です。息を少し止める動作で、心が落ち着き、不安がしずまります。

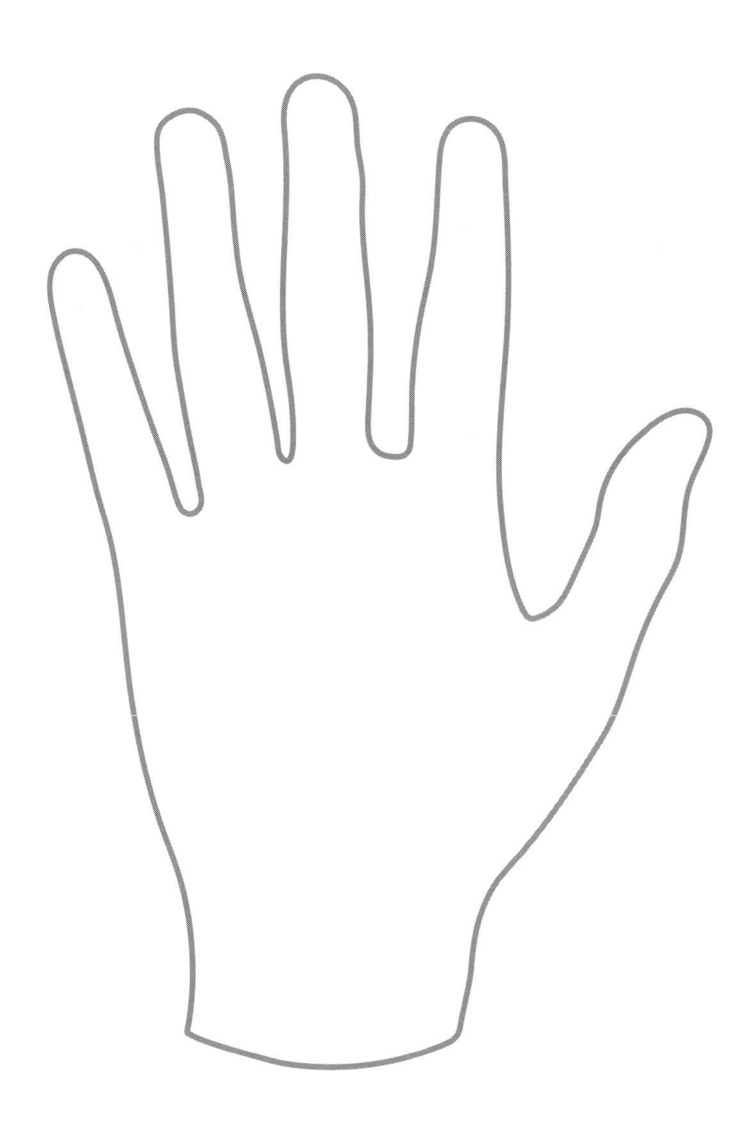

- ✿ 左手を広げて、前のページの手形の上におく。
- ✿ 右手の人差し指の先で、左手の指を１本ずつ下から上へ、上から下へとなぞっていく。
- ✿ 下から上へなぞるときに息を吸いこむ。
- ✿ 指の先では息を止める。
- ✿ 上から下へ向かうときには、ゆっくり息を吐く。
- ✿ ５本の指をなぞりながら、この呼吸を続ける。

自分専用の手形を作ってみよう。紙の上に手を置いて手の輪郭をペンでなぞるか、または手のひらに絵の具を塗って、紙の上に押しつけてもいいでしょう。手の形に何か好きな飾りをつけてみてもかまいません。切り抜いて必要なときに使えるようにとっておきましょう。

やってみよう！ スローガンを叫んでみる

不安や心配に打ち勝つのはそう簡単ではないので、一人でたたかう必要はありません。家族や親しいだれかとチームを組むのがいいでしょう。

負けない決心と勇気を示すスローガン（かけ声）を、元気よく声に出してみましょう。

フィズのかけ声は……「ぜったいできる！」

スローガンは、あなたの心に効きそうなものがいい。フィズのと同じでもいいし、自分で考えてみてもいい。つぎのような言葉も、参考にしてください。

何かほかの言葉(ことば)を思いついたら、ここに書いてみよう。

だれかいっしょにやってくれる人と、声(こえ)の大きさを変(か)えて、スローガンを10回叫(かいさけ)んでみよう。はじめは変(へん)な感じかもしれないけれど、きっと自信(じしん)がわいてきて何でもできそうな気持(きも)ちになれるよ。

やってみよう! 数えてみる

不安な気持ちのとき、気になっていることを頭から追いだすのはむずかしいかもしれません。そんなとき、不安な考えや感情をふり払うために、いつでも簡単にできる特別な技があれば助かりますよね。

不安がおそってきそうなときは、まわりにあるものの数を数えてみるのがおすすめ、とフィズは言います。

数えるものは何でもかまいません。

- ✿ コンセント
- ✿ 鳥
- ✿ いす
- ✿ 人
- ✿ かべの絵や写真
- ✿ 木
- ✿ 車
- ✿ 買い物ぶくろ

こういうものを数えるには、集中しなくてはなりません。頭が数えることに集中すると、不安な考えに向かうひまがなくなります。するとそういう心配が頭からはなれやすくなるのです。

その心配ごとはどのくらい大きな問題？

何か不安な気持ちになるようなことがあると、その心配ごとはものすごく大きな問題であるように感じます。ときにはあなたの頭の中全体を占領してしまいそうになります。でもちょっと待って！ ひと呼吸おいて、その問題のほんとうの大きさを考えてみましょう。もしそれがほんとうに重大な問題なら、だれか助けてくれる人をさがす必要があります。でもたいていの場合、問題ははじめに感じるほど大きくはありません。

火事、大けが、身の危険
——緊急事態。119番、110番で、助けを呼ぶ！

道に迷う、けが
——重大な問題。急いで助けてくれる大人をさがす。

気分が悪い、意地悪をされる、ちょっとしたけが
——中ぐらいの問題。その場をはなれる。助けを求める。

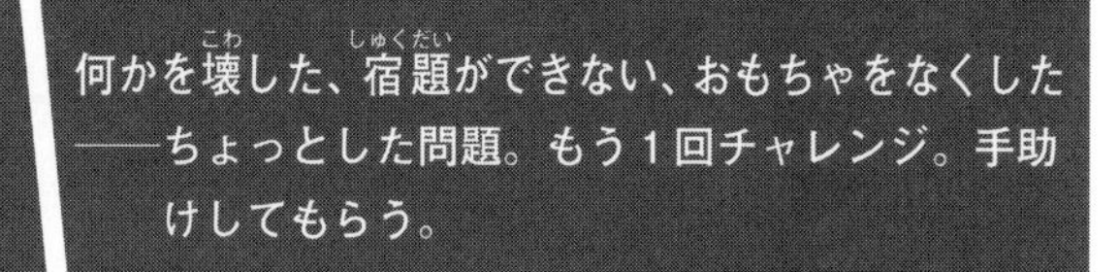

何かを壊した、宿題ができない、おもちゃをなくした
——ちょっとした問題。もう1回チャレンジ。手助けしてもらう。

何かに遅れた、試合に負けた、まちがった
——ほんのちょっとした問題。いい気分ではないが、落ち着いていられる。

やってみよう！ わたしの一日

朝は何をしますか？ 朝ご飯、歯みがき、学校へ行く準備……毎朝、同じ順序でやっていますか？ 毎日の習慣をきちんとこなすことは、気持ちを落ち着かせ、自分をコントロールすることにつながります。つぎにすべきことがわかって、日々の計画がしっかりしていれば、心配ごとは減っていくでしょう。毎日の習慣づけができていない場合、お父さんお母さんといっしょに良い習慣を作っていきましょう。

あなたの朝、放課後、夜の様子を、マンガにしてみましょう。

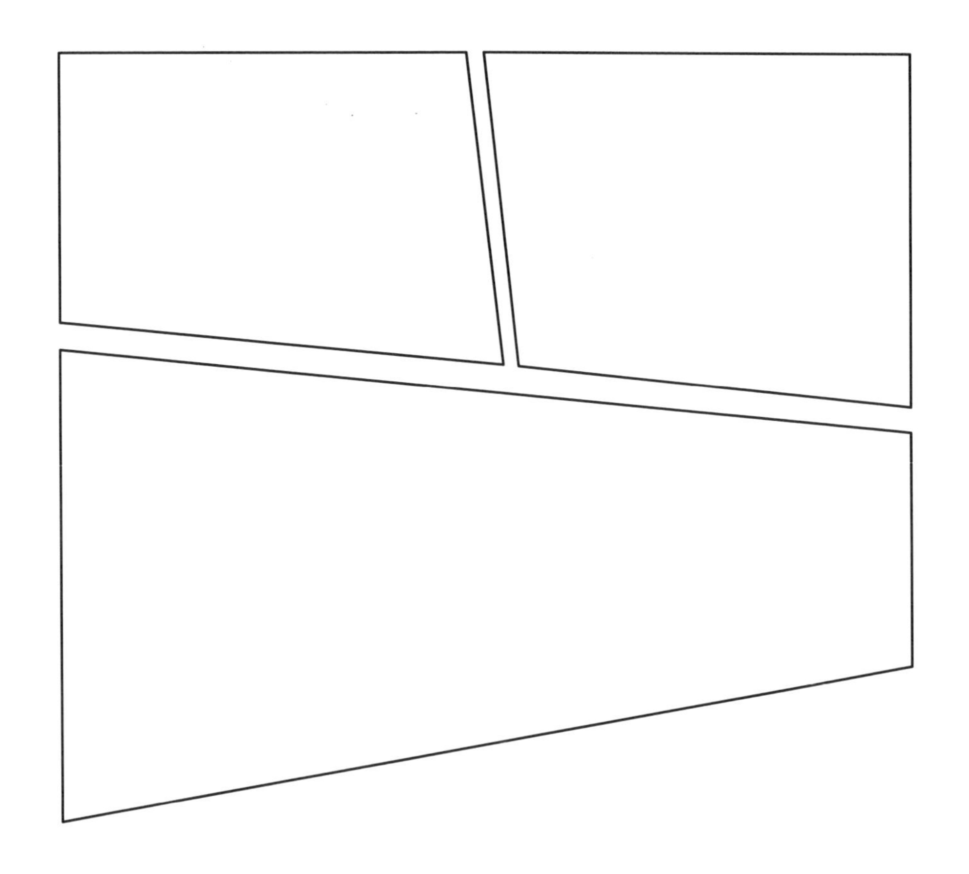

がまん強い自分、
ねばり強い自分を
作るぞ！

世界は大きくて広い

世界のあちこちで起こっている悪いニュースを耳にすると、この世界は広くておそろしい所のような気がしてきます。学校やテレビで知ることには、心配になることもあるでしょう。でも、ニュースというのは、だいたいが世界で起こる悪いことで成り立っている、という点を忘れないように。

いつだって世界にいる70億の人たちのほとんどは、ふつうのおだやかな日々を過ごしています。多くの人たちは楽しくほがらかに暮らしているはずで、ひどい目にあっている人は少ないでしょう。でも、その少数の人たちに起こる悪いことが、よくニュースになって耳に残るのです。

もし、その日に世界で起こった良いことを伝えようと思ったら、いくらニュースの時間を長くしてもまったく足りません！

もし、あなたがみんなと力を合わせて、親切や勇気や広く大きい心を示せたら、世界を変えることもできるはずです。あなたの街や学校そのほかの場所で正しくないことを見かけたとき、あなたにできることが必ず何かあるはずです。

人を助けるといい気分になれます。自分にできることがわかれば、不安が減って自信がついてくるでしょう。たとえ小さなことでも善いことが積み重なると、親切や勇気を形にしようという思いが、ほかの人にも伝わっていくものです！

何だかわからない不気味なもの

　こわい話の本やテレビ番組をおもしろいと思いますか？ 不気味な話でゾクゾクするのが好きな人もいるよね。でも、こわい話やおそろしいイメージが頭からはなれなくて、現実には存在しないとわかっているのに気になってしまうこともあるでしょう。おばけや怪物やゾンビのように本物ではないとわかっていてもこわいと思うものがあるなら、そういうものに関わる機会は全部パスしてかまいません。

　ほんとうはイヤなのに、友だちがおもしろがっているから、こわいものを好きにならなきゃいけないなんて思っていない？ そういうものは自分には合わない、としっかり断る人もたくさんいることを忘れないで。

モンスターでもほかのモンスターがこわくなることがある

知識はパワーだ

幽霊や吸血鬼のように、得体が知れなくて不気味なもののことを聞いたら、避けないで逆に専門家（！）になってしまう方法もありそうです。
落ち着いていてその気があるとき、そのこわいもののことを調べられるだけ調べてみたらどうでしょう。こわい感じを与えない本やウェブページでさがしてみるのです――意外とおもしろい話や、かわいいものだって、見つかるかもしれません。いろんな質問・疑問を並べてみて、もし答えが見つからなければ、自分で答えを想像してみるのもおもしろいでしょう。たとえば……
おばけは朝ご飯に何を食べるのかな？
オオカミ男が泣きだすほどこわいものって何だろう？
吸血鬼もぼくたちみたいに、子どもの歯が抜けて生えかわるのかな？

こんな疑問とその答えを、自分で考えて書いてみましょう。

どうしてこわい話ってあるんだろう？

昔からずっとわたしたちは、おそろしくて説明のつかないもの、どうしていいかわからないものに向き合うために、怪物や幽霊の話をこしらえてそれを伝えてきました。

もしあなたが何か超常現象のようなことについて不安や疑問を感じたら、腰を下ろしてじっくりと大人に相談してみるいい機会かもしれません。多くの場合、話し合ってみると気持ちが落ち着いてくるし、現実世界のこと以外についての心配もコントロールしやすくなるでしょう。

不安や心配は、
想像力豊かで
健康な脳から生まれる。

日記をつける

多くの人はいろんな理由で日記をつけています。よく不安を感じる人は、日記をつけてみると良い効果が期待できます。必要なものはえんぴつとノートだけ。自分だけの秘密の日記でもいいし、だれかに読んでほしければ、信頼できる大人に見せてもいいでしょう。

日記をつけると……

- 気になる考えを頭の外に取りだして、ノートの上で整理できる。
- 大きな心配ごとを細かく分けて、小さな課題のリストとしてあらわせる。
- 不安や悩みの筋道をたどれる。どんなときに不安な気持ちになるかが見えてくる。
- もちろん楽しいこと、うれしいこと、何でも書いてみよう。

日記をまとめて読み返してみると、不安な気分になるときのパターンが見えてくることがあります。自分一人でもできますが、あなたの気持ちをわかってくれる大人といっしょにやってみるとずっと効果的でしょう。

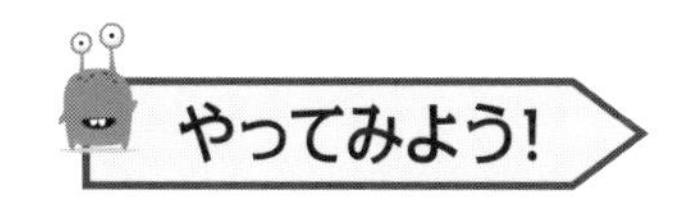

フィズの心配をとりのぞいてあげよう

フィズは犬がいると落ち着きません。公園で遊んでいるところへ犬がやって来ると、小さくておとなしい犬でも、フィズは帰りたくなってしまいます。

犬についてのフィズの不安を軽くするために、あなたなら何と言ってあげますか？

考え、感情、行動

わたしたちがどう考え、どう感じ、どうふるまうかは、みんなつながっています。たとえば、すべての犬はほえて跳びついてくるとフィズが考えていれば、こわいと感じ、公園から立ち去ろうとするでしょう。

人それぞれ、考え方、感じ方、ふるまい方はちがいます。公園で犬を見かけたとき、ほかにどんな反応の仕方があるでしょう？

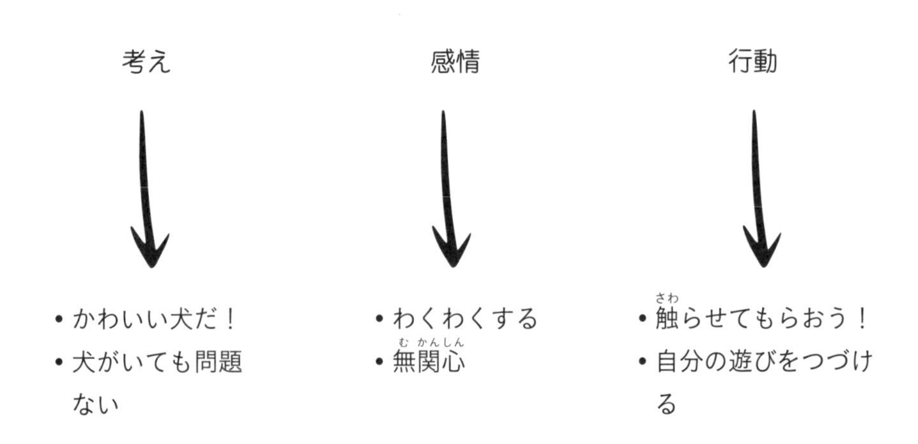

不安を感じたとき、何か気になったときのことを、覚(おぼ)えていますか？　そのとき何を考え、どう感じ、どうふるまったか、思い出してみましょう。

考え	感情	行動
↓	↓	↓
＿＿＿＿＿＿	＿＿＿＿＿＿	＿＿＿＿＿＿
＿＿＿＿＿＿	＿＿＿＿＿＿	＿＿＿＿＿＿
＿＿＿＿＿＿	＿＿＿＿＿＿	＿＿＿＿＿＿
＿＿＿＿＿＿	＿＿＿＿＿＿	＿＿＿＿＿＿
＿＿＿＿＿＿	＿＿＿＿＿＿	＿＿＿＿＿＿
＿＿＿＿＿＿	＿＿＿＿＿＿	＿＿＿＿＿＿
＿＿＿＿＿＿	＿＿＿＿＿＿	＿＿＿＿＿＿

どういうわけで、フィズはそんなに不安になったのでしょう？　フィズには**まちがった思いこみ**があるようです。

まちがった思いこみは頭が混乱した状態のときに登場します。つぎのページに見るように、さまざまなタイプの思いこみがあります。

１つの考えちがいを何回か重ねるうちに、その考えがだんだんほんとうのように思えてくるのは不思議ですね。

フィズの考え方で問題なのは、未来が決まっているように思いこんだところです。これから起こることがわかる、よくないことが必ず起こる、と決めつけてしまったようです。

不安でドキドキしているときには簡単ではないでしょうが、落ち着いて注意深く考え直してみれば、「よくないことが必ず起こる」なんて決めつけるのはおかしいと気づくはずです。別の犬がフィズにほえたことがあるからといって、それがくり返されるとはかぎりません。

まちがった考え方

まちがった考え方のよくあるタイプを見てみましょう。

- **マイナス思考**——悪い面ばかりが目につく。良いことがあったときでさえ、何か心配になるような点をさがしてしまう。
- **満点でなければ0点**——完ぺきでないと、まるでダメだと思ってしまう。
- **大げさ**——ちょっとしたキズでも、重大なもののように感じる。
- **心が読めるという錯覚**——みんながわたしのことを悪く思っているのがわかる。
- **先が読めるという錯覚**——きっとうまくいかないから、やらない。
- **感じと事実の混同**——自分がへただと感じるから、何でもへたにちがいない。
- **自分をけなす**——おれはクズだ！
- **ありえない期待**——すべてに完ぺきでなくては。
- **自分を責める**——すべてわたしのせいだ！

こんなまちがった声が、心の中で聞こえてくることはありませんか？ あてはまると思うものに○をつけてみてください。

こういう考え方は**まちがった思いこみ**によるもので、事実ではないことを忘れないように。頭の中がちょっと混乱しているだけなのです。思いこみだと気づけば、ひとつひとつ疑ってみることができます。一番いいのは、たよりになる大人と話し合ってみることです。話し合ってみれば、考え方のまちがった点がさらによく見えてくるでしょう。つぎのパート（67ページ）では、このようなまちがいや混同を避けて、もっと冷静に正しく考えるにはどうすればよいかを学んでいきたいと思います。

いつでも助(たす)けを
求(もと)めることはできる。

パート3

問題を解決する

不安や心配にどう向き合うべきかを考え、あなたの考え方、感じ方、行動を変える準備を始めよう！ もっと落ち着きのある、幸せな自分が手に入るよ。

それは事実？ それとも意見？

あなたは今のところ、とてもよくやっています！ ここでは不安や心配の中身について、いろいろ学んでいきましょう。

事実と意見のちがいがわかりますか？ 事実というのは、だれが何と言おうと、どう考えようと、何を望もうと、変わらない真実です。意見はわたしたちが考えたり、感じたりすることなので、人によってちがいます。いくつか例を見てみましょう。

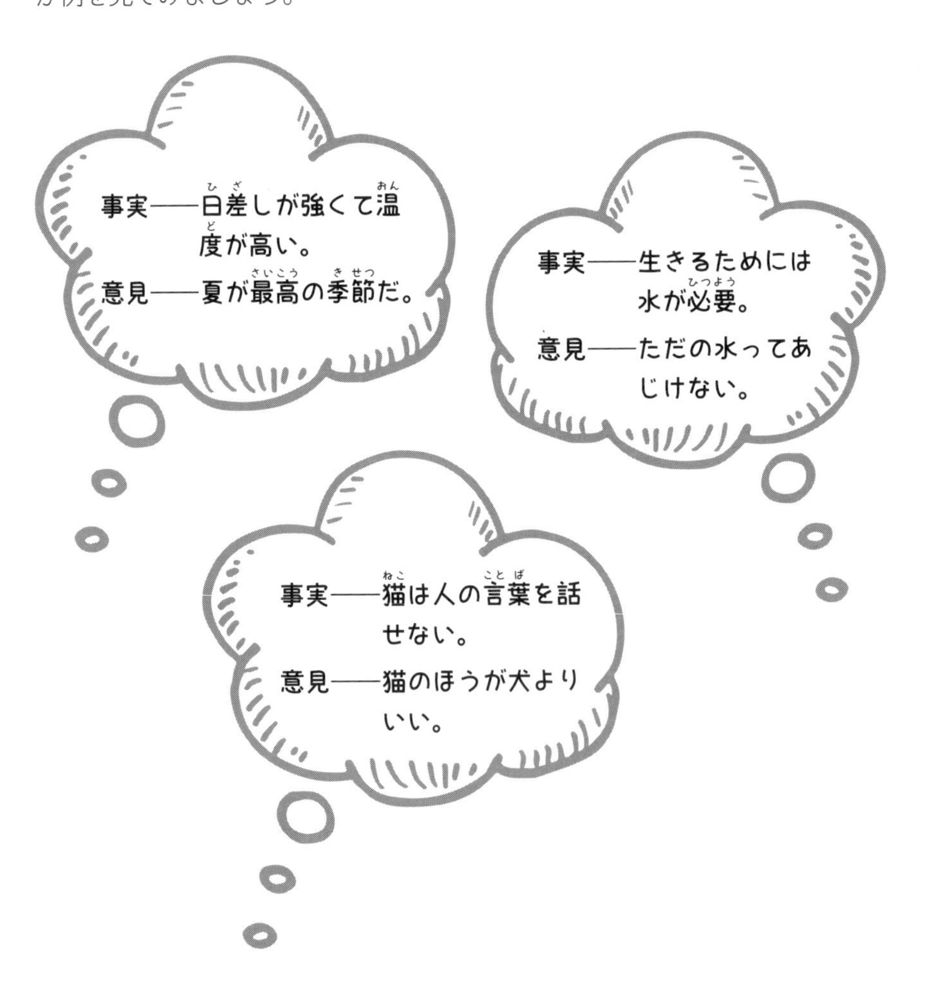

やってみよう! わたしについての事実

自分についての事実を書いてみよう。
〔例〕身長は……、きょうだいは……

自分の意見（好みなど）を書いてみよう。
〔例〕好きな科目は……

できるかぎり
ベストをつくす。

考えは事実ではない

何かを思いえがいたからといって、ほんとうにそうなるわけじゃない。あることをしきりに心配していると、まるでほんとうに起こることのように感じることがあるよね。でもじつは、あなたは自分で思っているより強い！　そのことを忘れないように。

空は緑色だとか、バナナは紫だとか、ベッドの下に怪物がひそんでいる、などと考えてみることはできます。でもまわりを見回してみれば、そういう考えが事実でないことはわかるでしょう。たしかに明日の計算テストでひどい点をとるとか、競走でビリになる、なんて考えてみることはできます。でもそう考えることは、実際にそうなるということではありません。

考えが事実とちがうことをここまで強調してきました。さらに、何か悪いことが起こるという心配があっても、それは実際に起こることではない、という点も確認しました。でももしほんとうに起こってしまったら、どうなるのでしょう？ ほんとうに犬がほえだしたら？ お母さんが迎えに来るのが遅れたら？……だいじょうぶ。それ自体はうれしいことではないでしょうが、やがて問題は解決します。あらかじめそなえておくこともできます。心配が現実になった場合にどうすればよいか、例を見てみましょう。

けい子さんは毎週習い事の帰りに、ママがお迎えを忘れるのではないか心配になります。ママのお迎えが遅れたことは一度もないけれど、けい子さんは不安を頭からふりはらうことができません。あまり心配になるので、習い事をやめようかと思うこともあります。けい子さんはママに自分の心配を話してみました。ママはけい子さんの話に耳をかたむけて、ママが来なかったときにどうすればよいかを二人で考えてみました。

- ✿ **先生の所に行って、相談する。**
- ✿ **先生がけい子さんのママに電話をかける。**
- ✿ **ママが来るまで、先生がけい子さんのそばにいてくれる。**

あなたにも心配ごとがあったら、前もってどういうそなえができるか考えてみるとよいでしょう。相談しやすい大人にあなたの不安を話して、いざというときどうすればいいのかについて具体的に考えます。すると心配ごとが現実になったとしても、だいじょうぶなんだと納得できるでしょう。

✿ ______________________________

✿ ______________________________

✿ ______________________________

✿ ______________________________

✿ ______________________________

✿ ______________________________

✿ ______________________________

✿ ______________________________

✿ ______________________________

✿ ______________________________

解決に向かって！

不安な気持ちになったとき、なぜそんなふうに感じるのか、すぐには原因がわからないこともあるよね。ちょっと立ち止まって、自分の体と心の声に耳をかたむけてみよう。

- ✿ どこでどんなとき不安な気持ちになりやすい？
- ✿ どんなことが起こるのを心配している？
- ✿ その考えはどこから来ている？

あなたを不安な気持ちにしているものがわかったら、小さなステップに分けてその問題に取りくんでいきましょう。あきら君という男の子の例を見てみます。

あきら君は頭とおなかのあたりに、何か落ち着かないイヤな感じがあります。月曜日にまた先生に怒られる場面が思いうかびます。この週末にやらなくてはならない宿題が３つもあって、それで不安になっているのです。宿題にはまだ手をつけていません。

まずは、深呼吸をして心を落ち着かせます。あきら君は自分の問題について、3つのステップに分けて、1歩ずつ前に進んでいくことを考えました。

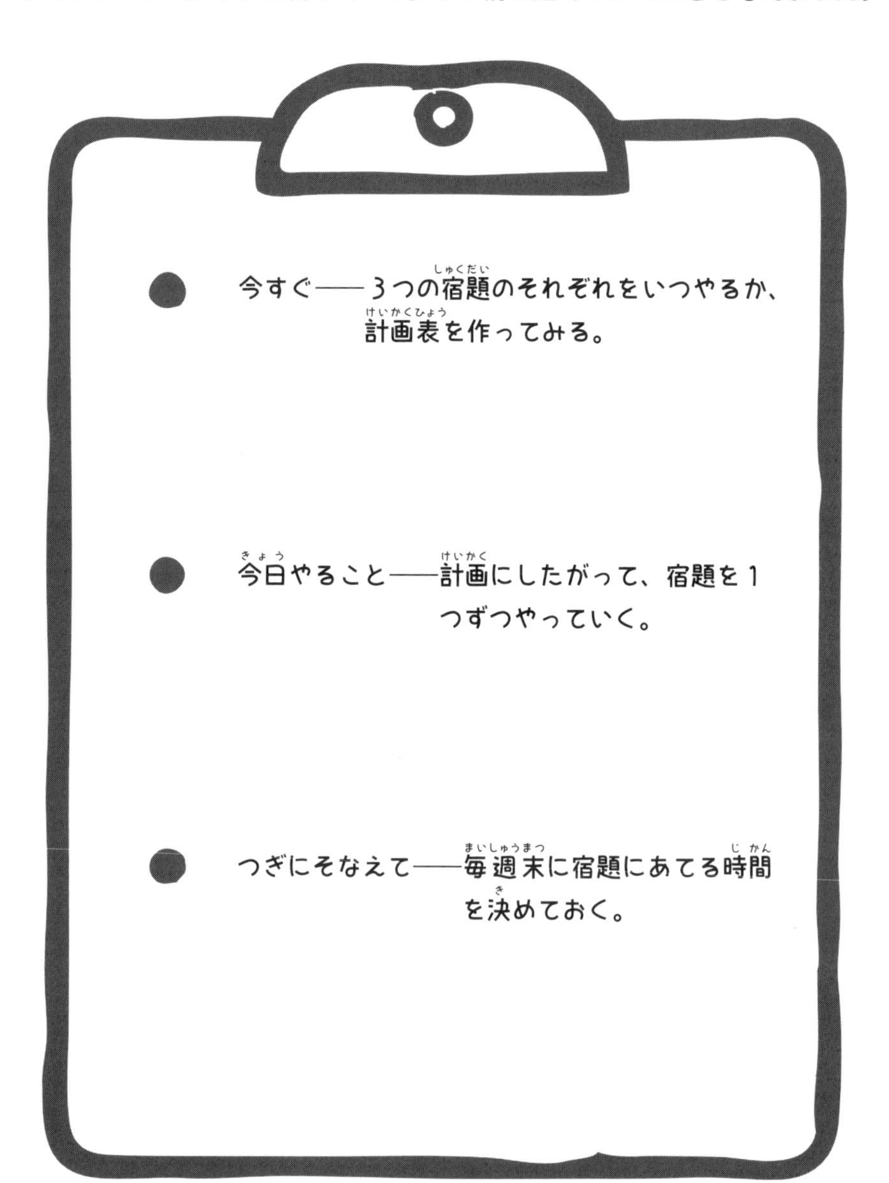

あきら君のように、あなたも自分にできることを考えて書いてみよう。

● 今すぐ

____

____

____

● 今日やること

____

____

____

● つぎにそなえて

____

____

____

チャレンジは楽しい！

やってみよう！ 心配を絵にすると？

あなたの不安な気持ちを絵であらわすと、どんなイメージになりますか？　その姿を表現してみましょう。（絵が苦手なら、言葉でもかまいません。）たとえば天気であらわしてみてもいいし、怪物、動物、人、おばけ、ロボットなんかの姿でもかまいません。自由に想像して、できれば名前もつけてみましょう！

不安な心に語りかける

　不安や心配の姿がえがけたら、今度は自分がそれに話しかけるところを想像してみてはどうでしょう。
　いま不安な気持ちなら、はじめに深呼吸をして、あなたの心をおだやかな空気で満たしてください。44ページの手形を使った深呼吸をやってみてもいいですね。
　気持ちが落ち着いたら、心の中の「心配」にいくつか質問をして、「事実」を見つけ出します。

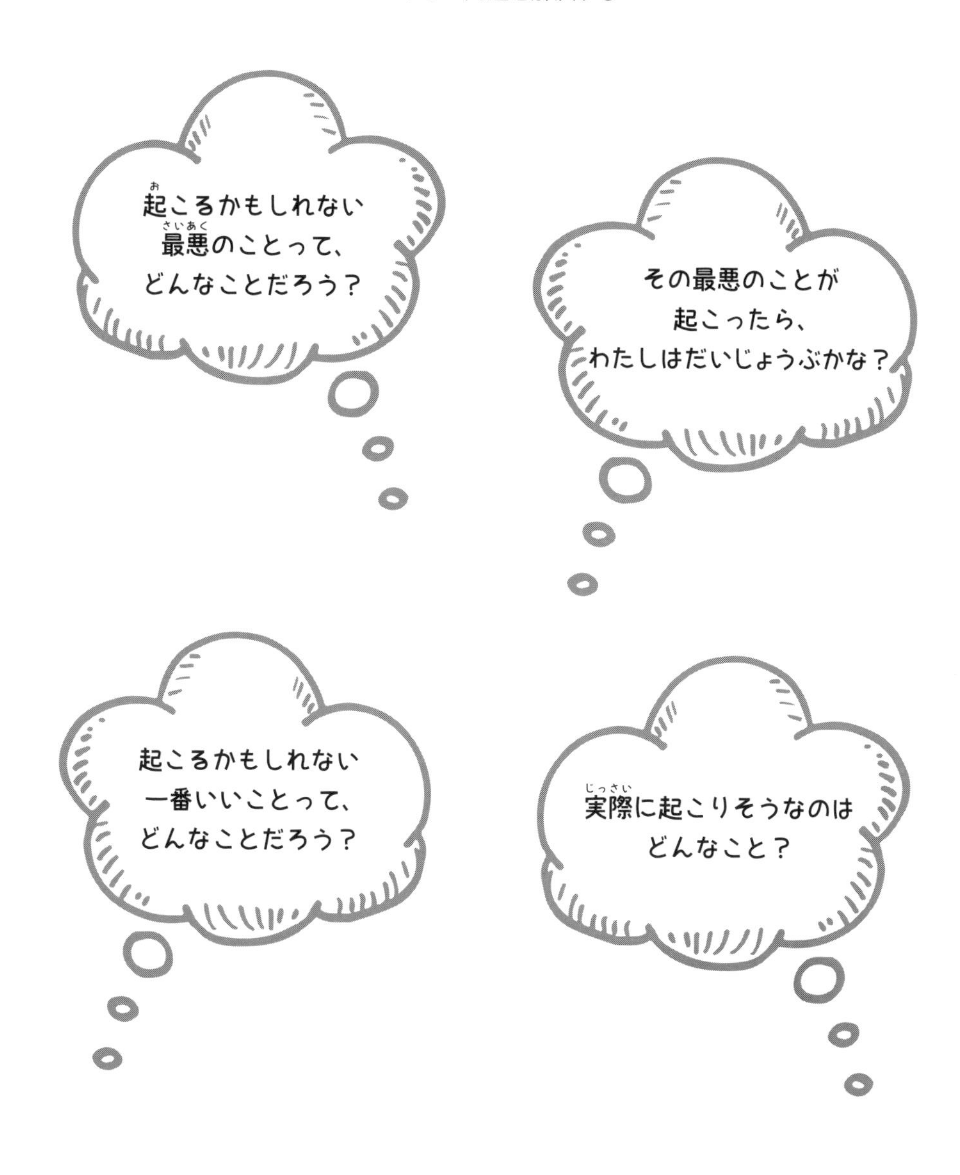

　こういう質問をじっくり考えてみると、不安や心配は小さくなっているのがわかるんじゃないかな。つぎのページで、フィズがどんなふうに心の不安に話しかけているか見てみよう。

心配ごとを正しく理解する

フィズは犬がほえて、跳びついてくると思っていました。その心配に話しかけて、ほんとうのところ（事実）をさぐってみよう。

ぼくの考えはおおげさで、正確ではないかな？

――おおげさだ！　ぼくはどの犬もみんなほえて跳びついてくると思っているけど、それは正しいとは言えない！

起こるかもしれない最悪のことって、どんなことだろう？

――犬がほえて、ぼくに跳びかかってくること。

ほんとうにそうなったら、ぼくはだいじょうぶかな？

――だいじょうぶ！　こわいけど、飼い主のおじさんもいるし、かまれることはない。

起こるかもしれない良い方のことはどんな感じ？

――犬はおとなしくて何もしない。ぼくはそのまま楽しく遊んでいられる。

実際に起こりそうなのはどんなこと？

――犬は少しほえるかもしれないけど、ちょっとうるさいだけ。ぼくがそのまま遊んでいても跳びついてくる、なんてことはなさそう。

すぐにまた
元気は出てくる！

マインドフルネス（今を生きる静かな心）

✿ マインドフルネスは瞑想による世界のとらえ方の一つで、もともとは仏教徒の修行から生まれたといわれています。いまこの瞬間に起こっていること、感じていることに意識を集中することが、マインドフルネスのポイントです。このおだやかな心の状態が得られれば、感情の波をコントロールすることができます。

✿ 安定した静かな心で自分を観察すると、心や体の中を通り過ぎていく考えや感情のようすが、大空を流れる雲のように見えてきます。どんな思い、どんな感情が心にわいていてもだいじょうぶ、あなたを傷つけることはありません。

マインドフルネスの練習をやってみよう。気づいたときにいつでもできるよ。

〔スタート〕

どこか静かで、すわり心地の
いい場所を見つける。

目を閉じて、
頭の中の考えが
空に浮かぶ雲みたいだ、
と想像してみる。

雲の形や色に
注意してみよう。

こんどは注意を下の方に向け、
自分のおなかに集中してみよう。
考えは頭の中にあるもの、
おなかには何の考えもない。

おなかを意識したまま、
息づかいでおなかが
上下に動くようすに
注意をむけよう。

ゆっくり10回呼吸をして、
目を開ける。

やってみてどうですか？ 心が落ち着いて、心配が小さくなった気がしない？

心配(しんぱい)をびんづめに

心配のタネって、しつこくてイヤな感じですね！ しばらくでも心配ごとをどこかに片付けて、ひと息(いき)つきたいでしょう。それでは、下のわくの中に心配ごとを書きこんでみましょう。

書きこんだら、ハサミで切って２つに折りたたんで、その紙をびんのような容器の中に入れてしまおう。ふたを閉めれば、心配ごとは中に閉じこめられて、もうあなたの邪魔はできません。（この方法をくり返しやってみるには、前のページを使わずに別の紙に書いたほうがいいね。）

自分はこわれやすい
ガラス玉じゃない。
はね返る
ゴムボールだ！

やってみよう！ 勇気を出す！

勇気について考えてみましょう。勇気を出すことは、こわがらないということではありません。ほんとうの勇気とは、こわいと感じたときに自分のおそれと向き合えることです。いろいろな向き合い方があります。勇気をもつと、不安な気持ちをどんなふうに克服できるか——それをつぎのページから考えていきます。

ここではまず、今までにあなたが勇気を出したときのことを思い出して、書いてみよう。絵でもいいよ。

ステップを踏んで

　不安からくる習慣をどうやって改めたらいいでしょうか？ それが欠けると不安になるために、なかなか抜け出せない習慣というものがあります。ふみかさんという女の子が心配性のくせをどう改めていったか、見てみましょう。

　テディベアのぬいぐるみがふみかさんの大のお気に入りです。小学生になったふみかさんは、内緒で学校にテディベアを持っていっていました。ある日ぬいぐるみを見つけた先生に、学校におもちゃを持ってくるのは規則違反だとしかられます。これからは人形を持ってこられないと思うと、ふみかさんはパニックになって気分が悪くなってしまいました。いつもテディベアといっしょでなければ、イヤなことが起こるような気がします。どうしたらいいのでしょう？

　いきなりテディベアを家に置いて学校に行くのは、不安が大きすぎますが、そうかといって学校で問題になるのは耐えられません。ふみかさんは両親に打ち明ける決心をしました。そしてよく話し合って、ある計画を立てました。

まず、ふみかさんは自分の心配にいくつか質問をしてみます。

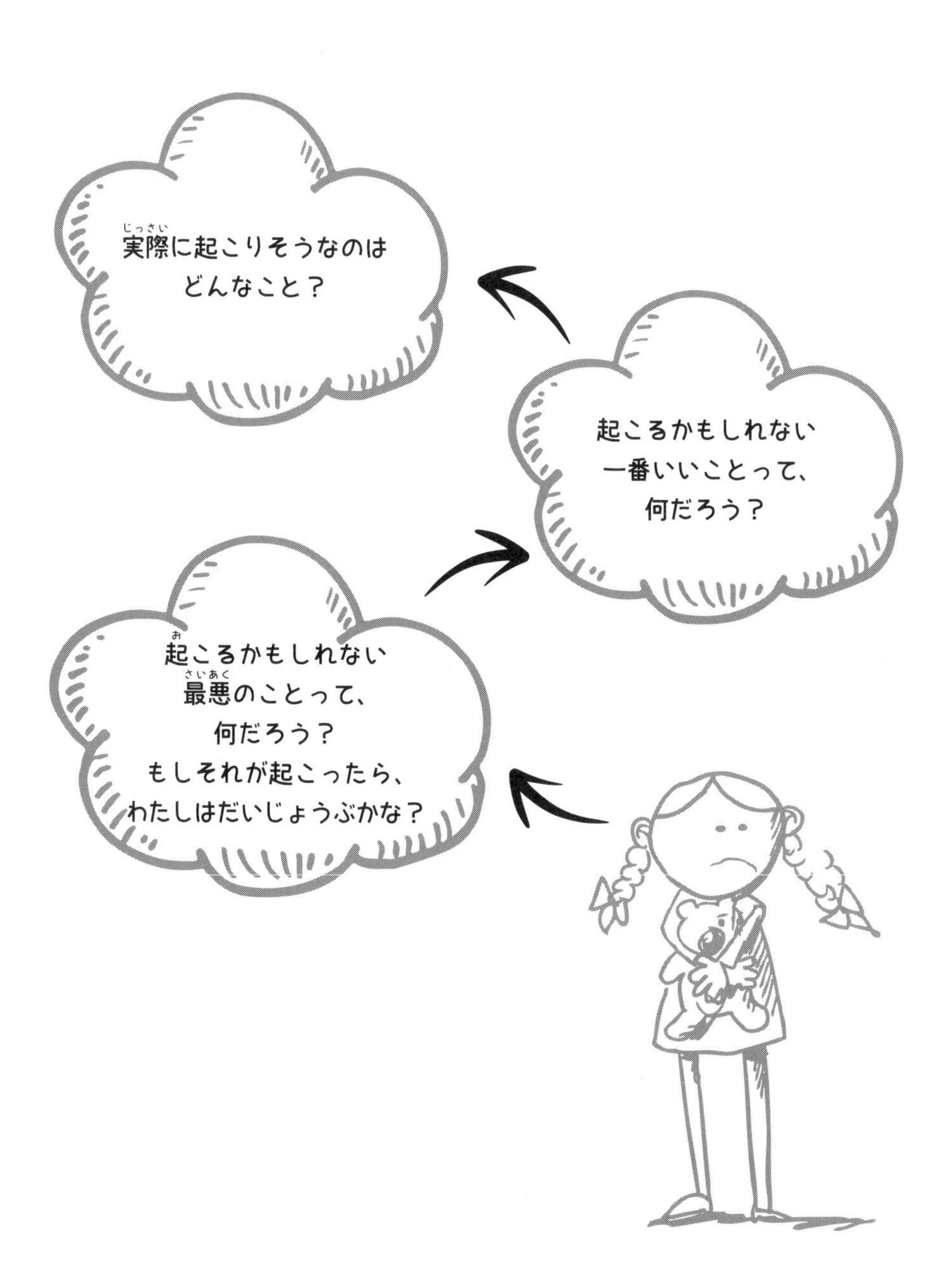

ふみかさんの勇気を育てるプラン

つぎに、ふみかさんと両親は、何週間かかけて少しずつ勇気を発揮していく計画を立てました。（学校まで母親が送っていくのが習慣です。）

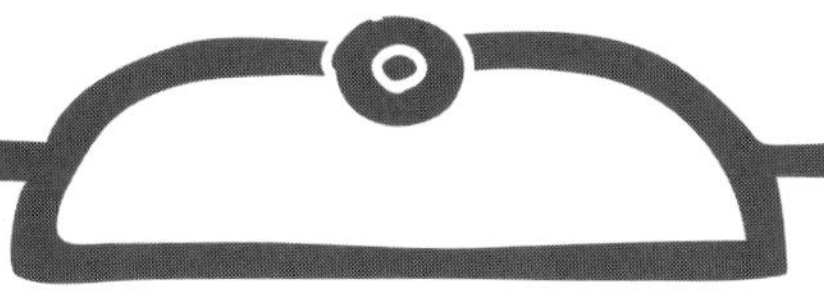

1. 人形を学校に持っていくけれど、休憩時間以外はさわらない。
2. 人形を学校に持っていくけれど、教室に入るときにママにわたす。
3. 学校の前の通りまで、人形を抱いていく。
4. 家の前の通りが終わるまで、人形を抱いていく。
5. 人形はママが持つ。わたしが抱けるのは1分ごとに2回。
6. 人形はママが持つ。わたしが抱けるのは1回だけ。
7. 人形はママが持つ。わたしはどうしても抱きたくなったときだけ、ママにたのんでさわらせてもらう。
8. 人形はママが持つ。わたしはがんばって人形にはさわらない。
9. 人形は家に置いていく。

ふみかさんは少しずつ勇気を出して、目標に向かって一歩ずつ進んでいきます。つぎのステップに進む準備ができるまでに日数がかかることもありますが、別にかまいません。最後にはふみかさんの心も強くなって、人形を家に置いておけるようになるでしょう。

不安と向き合う

楽しいことややりたいことがあるのに、何かが心配であきらめてしまう場合があります。不安を乗りこえる勇気を、どうやって手に入れたらいいのか——じょう君のケースを見てみましょう。

じょう君は水泳のことを考えると、ドキドキして汗をかきはじめます。自分がプールでおぼれるのではないか、目に水が入ったらイヤだな……と心配になります。つぎの学期には、学校で水泳の授業が始まります。じょう君だって泳げるようになりたいですが、水に入るのはとても不安なのです。どうしたらよいでしょう？

じょう君は自分の心配を両親に打ち明け、よく話し合って計画を立てました。

まず、じょう君は心の中でいくつか質問をしてみます。

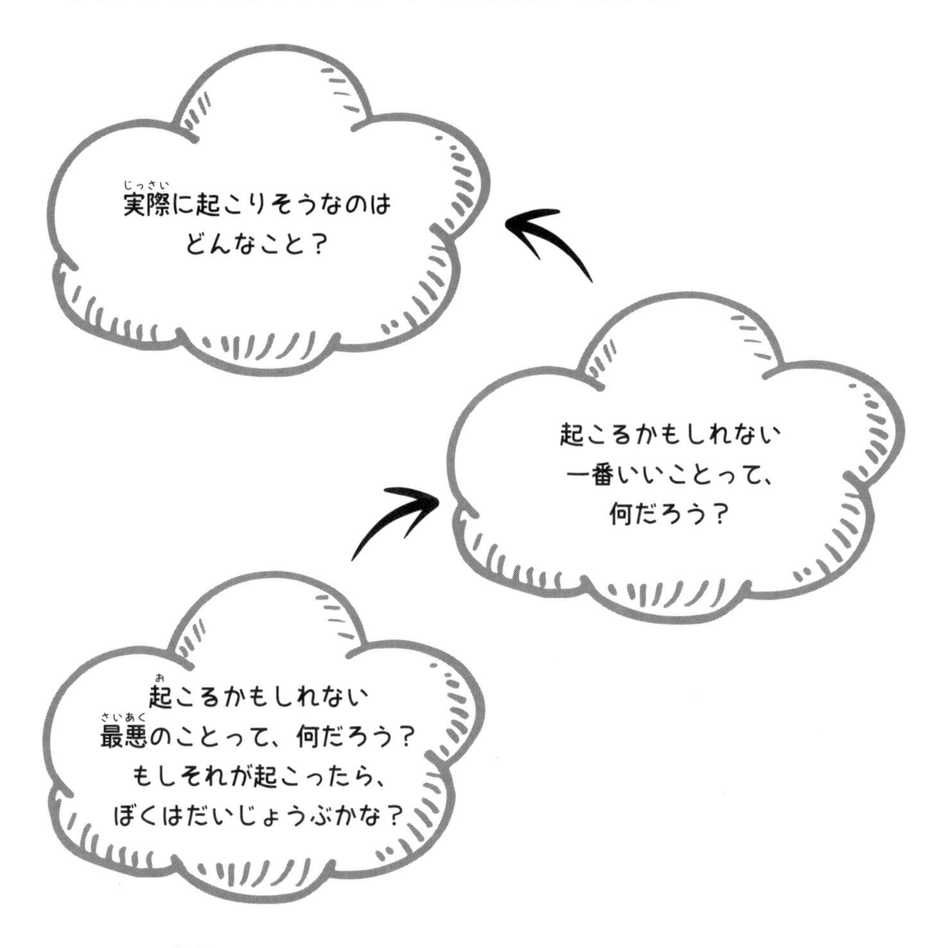

少しだけ気分がましになったような気がするけれど、まだじょう君は水泳のことが心配です。水が危険なことをじょう君は知っているし、最悪の事態といえば、もちろんおぼれることだからです。

だからまず何より、どのくらい危険な可能性があるのかを確認しなくてはなりません。そしておぼれるなんてことはありえない、とじょう君は気づきます。それに、水の危険を減らすのにもっともいい方法は、良い先生に教えてもらい、泳げるようになることでしょう。

じょう君の勇気を育てるプラン

じょう君と両親は、目標に向かって少しずつステップアップしていく計画を立てました。

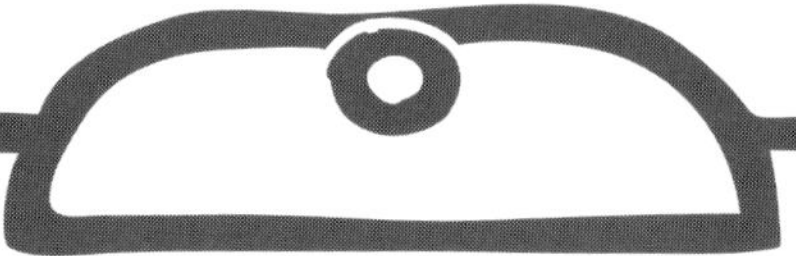

1. 泳ぐときの安全の確保について、よく調べる。
2. プールに行って、水には入らずに見学する。
3. 自分に合うゴーグルを買う。
4. プールに行って水着に着がえ、プールサイドにすわる。
5. 足を水につける。
6. 足が底にとどく浅いところで、ゴーグルをつけて親といっしょに水に入ってみる。
7. 浅いところで、親といっしょに浮き輪かビート板を使ってみる。
8. 顔に水をかぶる。
9. 1秒間、頭を水につける。

じょう君の計画では、毎回ほんの少しだけおそれる気持ちにいどむことになります。あわてることはないし、ステップによってかなり時間がかかることもあるでしょう。でもこの計画で自信をつければ、学校での水泳の授業に参加する用意としては十分です。

やってみよう！ わたしのプラン

あなたが心配（しんぱい）していることについて考えてみます。その不安（ふあん）を減（へ）らしていくために、あなたの勇気（ゆうき）を育（そだ）てる計画（けいかく）を立ててみましょう。

1. ＿＿＿＿＿＿＿＿＿＿

2. ＿＿＿＿＿＿＿＿＿＿

3. ＿＿＿＿＿＿＿＿＿＿

4. ＿＿＿＿＿＿＿＿＿＿

5. ＿＿＿＿＿＿＿＿＿＿

6. ＿＿＿＿＿＿＿＿＿＿

わたしだけじゃない。

パート4

自分の面倒をみる

ここまでよくがんばっているね。自信をもっていいんじゃないかな。

力を十分に発揮するには、体と心の調子に気をつけて、コンディションを良くしておかないといけないよね。だから、リラックスして体に必要なものを確保することは、とても重要なんだよ。

緊張を解くために何をする？

体と心がゆったりする時間は、健康と幸せな気分を保つためになくてはならないものです。リラックスするための活動の例をあげてみました。どれか気に入ったものをやってみましょう。

- 石を拾ってきて、色をぬる。（アクリル絵の具を使うといいよ。）
- 広告や新聞の切れはしをよせ集めて貼り、コラージュを作る。
- ストレッチや体操をする。
- 好きな本を読む。
- 詩を書く。
- 自転車に乗って出かける。
- ロウソクの炎を見つめる。（親の許可が必要！）
- 音楽を聴く。
- 空に浮かぶ雲をながめる。（どんな形かな？）
- 花や葉っぱを集めて、その絵を描く。

ほかにどんなことがありますか？ 自分で思いついたことを、絵や言葉にして並べてみよう。

スイッチを切る

✿ テレビやコンピューターゲームはおもしろいですが、そればかり続けていると頭が興奮してストレスがたまることがあります。友だちと何かを作る、絵を描く、本を読む、家族と外で遊ぶなど、実際に体を動かしたり、自分の頭を使ったりして遊ぶようにしましょう。

緊張ってどんな状態？

鼻や目のまわりにいっぱいしわができるように、思いっ切り顔をクシャクシャにしてみよう。そのあと、顔の力を抜いて、ふつうの表情にもどります。

顔の筋肉をゆるめたとき、体全体の状態が変わったのがわかりましたか？顔にしわをよせているときは、緊張してこわばった状態です。力を抜いて自然な表情にもどったときが、リラックスした状態です。

不安を感じたり、気が動転したりすると、わたしたちは体が緊張するのを感じます。体から緊張を取り除く方法を身につけましょう。

やってみよう！ 鼻押さえ呼吸法

深呼吸は、自分の気持ちを落ち着かせるために、いつでもできる良い方法です。ここでは鼻と指を使って深くゆったり呼吸をして、おだやかな気分を手に入れましょう。

- まず右の鼻のあなを指で押さえて閉じる。
- 左の鼻から、深く息を吸いこむ。
- 少し息を止め、右の鼻を開け、こんどは左を指で押さえる。
- 右の鼻から、ゆっくり息を吐き出す。
- 左右を逆にして、同じように息を吸って吐く。
- 5回ずつ、この呼吸をくり返す。

もう1回やってみる。
何度(なんど)でもやってみる。

見た目

外からどう見えるかがなにより大事だ、と考える人がいます。わたしたちは毎日テレビや雑誌で、欠点がないほどカッコいい人たちを目にしています。でも知っていますか？ それはその人たちのほんとうの姿とはちがいます。ライトの当て方や画像修整（写したものに手を入れること）で、ふつうの人をまるで完ぺきな美男美女のように見せることはできるんです！

自分を完ぺきに見せようとして四苦八苦するなんて、時間のムダ。やるべきこと、考えるべきことで、もっとおもしろいことが、数えきれないほどあります。あなたは人に見られるために存在しているのではありません。あなたはそのままですでに最高のあなたであり、かけがえのない存在なのです。

やってみよう！ かがみよ、かがみ

かがみを見ながら、自分で気に入っていることを見つけて、声に出して言ってみよう。

ヒントとしては……

ほかにどんなことを思いつく？ かがみの中に書きこんでみよう。

体を大切に

あなたの体は、じつは信じられないほどすごいものなのです。知っていますか？

- ✿ 子どもの歯が抜けたあと生えてくる大人の歯は、サメの歯と同じくらい強い。
- ✿ あなたの心臓は１日に10万回以上、休むことなく鼓動をくり返す。
- ✿ 指に指紋があるように、舌にも一人ひとりちがうもようがある。
- ✿ あなたの体は37兆個もの細胞からなり、その細胞が協力し合ってはたらいているおかげで、あなたは息をしたり、笑ったり、勉強したりできている。

子どもの体は年ごとに自然に変化し、大人へと成長していきます。その変化に不安になったり、とまどったりすることがあるかもしれません。でも成長による体の変化は当たり前のことで、だれにでも起こります。

自分の体のことでときに恥ずかしく感じてしまうのも、まったくふつうです。心に留めておいてほしいのですが、だれでもかってにあなたの体を見たり、体に触れたりすることは許されません。何かとまどったり悩んだりすることがあれば、両親や信頼できる先生にいつでも相談しましょう。

健康を保つ

バランスの良い食事をし、水分をしっかりとりましょう。この2つは、あなたが成長し、学び、幸せになるために、とても大切なことです。自分の体を大切にしていると、自然に気分もおだやかになり、力がわいてくるものです。

わたしたちの体の60パーセント以上は水分ですが、その水分は、汗をかいたり、呼吸をしたり、泣いたり、トイレに行ったりして、たえず失われていきます。体調を良い状態に保つには、みなさんは1日にコップ6～8杯の水を飲む必要があります。毎日いろいろな種類の野菜や果物を食べることも、健康を保つには欠かせません。

眠る

十分な睡眠をとることは、おだやかな心と良い気分を保つのに欠かせませんし、睡眠によってわたしたちは日々のエネルギーを得ているのです。眠っている間に、脳はその日に起きたことや心にひっかかることを整理しています。昼の間あなたを悩ませた問題も、ひと晩しっかり眠ったら、じつはたいしたこともなく、すぐに解決できたりするものです。

あなたの夢見る寝室ってどんな感じですか？ 絵か言葉であらわしてみよう。

✿ 毎晩、十分な睡眠をとること。

なかなか眠れないことがありますか？ こんな方法もあるよ。

1. あおむけに寝て足の指を立てる。
2. 足の指先が天井を指すようにして、足をゆっくり持ち上げる。
3. できるだけゆっくり足をおろす。
4. あしの上げ下げを５回くり返すと、リラックスできて眠れるようになります。

パート5
友だちといじめの問題

なかよしの友だちってキラキラ輝く宝物みたいに大切。だけど、ときには友だちとうまくいかなくなって、イヤな気分になることもあるよね。

ほんとうの友だちって？

なかよしって最高！ 友だちはわたしたちを笑顔にしてくれるし、いっしょに過ごして一番楽しいのが友だち。

でも友だちだと言いながら、ぜんぜん友だちらしくないふるまいをする人もたまにはいるよね。

ただいっしょに遊びたいから友だちだという人は、ほんとうの友だちとはいえないよ。にせものの正体は、仮面をかぶったいじめっ子かもしれない。あなたにイヤな思いをさせる人とつき合う必要はありません。

〔ほんとうの友だち〕

- ✿ あなたの言うことを聞いてくれる。
- ✿ やさしく話しかけてくれる。
- ✿ あなたの立場に立ってくれる。
- ✿ 仲間にいれてくれる。

〔にせもの〕

- ✿ 人の言うことを無視する。
- ✿ 仲間外れにする。
- ✿ 人を傷つける。
- ✿ からかったり、恥をかかせたりする。

つきあいたいのは
良い友だち。

いじめってどんなこと？

さまざまな形のいじめがあります。現実の生活でも、ネットでも、いじめは問題になります。

どんな形のいじめがあるでしょう？

- ✿ わざと人を傷つけたり、恥をかかせたり、動揺させたりする。
- ✿ 人の持ち物をだまってとったり、隠したりする。
- ✿ 人がしたくないことを無理にやらせようとする。
- ✿ 陰口をきいたり、デマをながしたりする。
- ✿ ののしったり、からかったりする。
- ✿ こづいたり、押しのけたりする。
- ✿ 仲間外れにする。
- ✿ そのほか、人をイヤな気分にしたり、こわがらせたりする行動は、何でもいじめになる場合がある。

もしあなたがいじめられていたら、それはあなたが悪いのではありません。とにかく信頼できる大人に、何が起こっているかを話しましょう。みな、一人ひとりがかけがえのない存在であり、敬意をもってあつかわれるべき人間なのです。

一人ぼっちじゃない

ときどき、こんなふうに感じるのは自分だけじゃないか、と思うことがあるかもしれません。でも人の心の中は見えません。あなたが出会うどんな人にも、その人なりの心配ごとや好き嫌いがあるものです。外から見ただけで、人の感じていることまではわかりません。

あなたが心配ごとをかかえて自分は一人ぼっちだと思いこんでいたとしても、実際にはそんなことはありません。手をさしのべてくれる人は、あなたのまわりに必ずいます。

今日(きょう)はすてきな一日に
なりそう！

みんなちがう、人それぞれ！

みんながちがっているからこそ、楽しくやっていけるんだよ！　どんな本が好きか、何がこわいか……、どの二人を比べてみても同じ人間なんていません。

外から見ると、どんなちがいに気づきますか？　顔の形、太っているかヤセているか、メガネをかけているか、髪は長いか短いか……、でもこういう特徴からは、その人の中身については何もわかりません。フィズにそばかすがあるからといって、そばかすのある仲間と好みや考え方が同じなんていえないでしょう。

外から見えないちがいってどんなことでしょう？　どのくらいつきあいやすいか、朝ご飯では何がお気に入りか、どんなことを不安に思っているのか……、こういうことがわかるようになるのは、その人の人柄がわかってからです。

やってみよう！ ちがいを大切に！

だれか仲の良い友だちのことを思い浮かべてください。その友だちとあなたの似たところは何でしょう？ ちがいはどんな点でしょうか？

似たところ	ちがうところ
〔例〕二人ともスパゲティが好き	〔例〕わたしの好きな科目は国語、友だちは理科が好き。

似たところ	ちがうところ

あなたと友だちの間にいくつかちがう点があったとしても、あなたたちはいっしょに遊びたいでしょう？ あなたはあなたらしくするのが一番。ほかのだれかのようにふるまうなんてムリです！

本ものの
自分を保つ方法は
人それぞれ。
みんな自分らしい
やり方がある。

完ぺきに見える友だち？

あなたのまわりに、みんながうらやましく思うような友だちがいるかもしれません。もし自分の髪やくつやパソコンが、自分の家が、その友だちのと同じようにカッコいいものだったら、毎日はどんなにステキだろう？ ……いいえ、それはまちがいです！ 幸せは心の中からくるものですから。何か新しいものを手に入れると、しばらくはいい気分になれるかもしれません。でもやがてその気分は消え、手に入れる前と変わらない状態にもどってしまいます。

わたしたちの目に焼きつくのは、他人が人に見せるために選んだものにすぎません。うらやむほど完ぺきな生活を送っている人なんて一人もいません。

わたしたちはだれでもそれぞれの形で幸運を分け与えられています。ただ自分の幸運の形は見えにくいようです。とくに毎日がうまくいっていないと感じるときは。

やってみよう！ 感謝していること

幸運がまいこんだり、人から親切にされたりすると、「ありがたい」という感謝の気持ちがわいてきます。あなたが感謝していることと、あなたが今直面している問題を考えてみましょう。

この1週間であなたが感謝したいと思ったことを10個あげてください。

〔例〕おいしい朝ご飯、温かい家

① ______________________________

② ______________________________

③ ______________________________

④ ______________________________

⑤ ______________________________

⑥ ______________________________

⑦ ______________________________

⑧ ______________________________

⑨ ______________________________

⑩ ______________________________

あなたが今大変だ（イヤだな）と思う問題は？
〔例〕友だちとの意見の対立

そういう問題(もんだい)から何を学ぼうとしていますか？
〔例〕みんなが納得(なっとく)する解決策(かいけつさく)をどうやって見つけるか

あなたが感謝(かんしゃ)している人は？

① ______________________________

② ______________________________

③ ______________________________

④ ______________________________

⑤ ______________________________

今日一番良かったことは？

一日の終わりに、上のようなことを考えてみるのはとても役に立ちます。60ページで提案した日記に、毎回感謝したいことを書き加える習慣をつけるとよいですね。

人生は冒険(ぼうけん)だ。
でも競争(きょうそう)ではない。

パート6
まとめと整理

ここまでたくさんのことを学んできました！ 不安を克服するのに役立ついいヒントが見つかりましたか？ あなたの考え、感じ方、ふるまいがどんなふうに影響しあうか、そしてどうリラックスしたらいいかについて、いろいろ理解できたでしょう。今こそ、新しく学んだやり方を実行にうつすときです。

不安な気持ちになるのは、だれにでも起こる当たり前のことです。あなたの心配ごとはひと晩ぐらいでは消えないでしょうし、新しい思考法を身につけたり、なれないことにチャレンジするのはそう簡単ではないかもしれません。

でも忘れないでほしいのは、そういうことをあなたは自分一人でやる必要はないということです。助けが必要だと思ったら、いつでもこの本を読み返してください。また、たよりになる大人に相談してみましょう。少し休憩をとってリラックスするだけでもちがうかもしれません。

不安克服アクションプラン

自分自身について、自分の心配について、あなたが気づいたことを整理して、アクションプラン（行動計画）をまとめてみよう。

心配ごとについての問題点(もんだいてん)

優先したいリラックス法

98ページの「勇気を育てるプラン」をもういちど確認しよう。実行することが何より大切！

あなただけじゃない

たくさんの子どもたちがさまざまな不安をかかえています。あなたと年が近い子どもたちの声を聞いてみましょう。

いちろう（7さい）

“ テレビで、ベッドの下にひそんでいるモンスターの話をやっていた。ぼくは弱虫じゃないし、こわい話だって好きだけど、この番組はなんだかおそろしくって、夜よく眠れなかった。朝目が覚めても疲れた感じだった。つぎの晩もまたこわくなったので、ママに話したよ。ママはベッドの下にランプを置いて、明るく照らしてくれたんだ。それでちょっと安心して、眠れるようになったんだ。”

ちえ（11さい）

“ 先月、3泊4日の修学旅行がありました。わたしは、何かイヤなことが起こるんじゃないか、わたしがいない間にお父さんとお母さんが病気になったり、けがをしたりするんじゃないか、と心配でしかたがありませんでした。お母さんもお父さんも、そんなバカなって言うんだけど、不安はなかなか消えません。でも旅行に行ってしまうと、友だちと過ごすのがとても楽しくて、心配していたことなんて、みんな忘れちゃいました。修学旅行に行けてほんとうによかった！”

はじめ（9さい）

“学校で気分が悪くなった子がいた。ひどく吐いてしまって、見ているほうも気持ちが悪くなった。それからは、ぼくもせきこんだりゲップが出たりすると、あんなふうになるんじゃないかと思って、なんだかドキドキして不安になってしまう。そういうときはゆっくり深呼吸をして、どこか静かなところで気をしずめるんだ。”

ミリー（8さい）

“毎日、お弁当をいっしょに食べる人が見つかるかどうかが、とても心配だった。朝学校につくとすぐ、昼ごはんをいっしょに食べてくれるように友だちにたのんで約束していた。でもある日それを忘れてしまって、知らない人のとなりにすわることになったの。でもその人とのおしゃべりは楽しくて、友だちになれたわ。心配してたことがほんとうになったけど、何の問題もなかった。”

オリバ（8さい）

“ぼくはひどい病気にかかって死ぬことがとても心配だった。どこかおかしなところがないか時間をかけて自分の体を調べたし、親にいろんな病気のことを何度も聞いていた。去年おじさんが死んでから、不安な気持ちになったんだ。両親はおじさんのことをちゃんと説明してくれて、どんな質問にも答えてくれた。どういうことかわかったら、前ほど心配ではなくなった感じがする。”

なおみ（10さい）

“わたしには生まれつきアザがあって、ほかの人にどう見られているか気になってしかたがない時期があった。でも今は、特別なセリフを心の中でとなえるようにしているの。それは「大切な人はそんなこと気にしない。とやかく言う人は、大切な友だちではない」という言葉。そうすると自分がありのまま特別な存在で、魅力ある人間なんだと思えてくるの。”

りょうた（11さい）

“ぼくはいつもたくさんの細かいことを気にしていた。心配ごとで頭が一杯で、気分がやすまることがなかった。そこで両親がお医者さんのところに連れて行ってくれたんだ。その先生はやさしくて、気持ちよく過ごすにはどうしたらいいか、相談にのってくれた。”

おさむ（7さい）

“ぼくは体育がきらい。けがをすると思うから。前は、ベンチにすわって見学ばかりしていた。そしたら友だちがとなりに来て、だいじょうぶだからいっしょにやろうって、はげましてくれたんだ。思い切ってぼくもやってみたら、すごく楽しかった。”

おわりに

これでおしまい！ あなたがここまでたくさん学んできたことに、フィズは感心しています。楽しく学べたでしょうか？ 不安な気持ちについてもう一度確かめたくなったときや、自分を落ち着かせる必要があるときは、またこの本を読み直してくださいね。

ここまでいろいろ努力してきた自分をしっかりほめてあげましょう。あなたには勇気があるし、理解する力もある。本気になって取りくめば、なんだってできるはずです。

保護者の方へ

不安に向き合う子どもに、どう手を差し伸べるか？

残念ながら、不安にどう対処するかはそう簡単な話ではありません。でも悩む子どもたちの一日一日を、もっと過ごしやすくする手立てはいくつもあります。あなたにできる最も重要なことは、彼らの話をよく聞いてあげることです。

子どもの言うことにしっかり耳を傾け、学校のこと、友だちのこと、本人の好きなことについて、いろいろ打ち解けた感じで質問してあげてください。そうすれば子どもは自分の恐れや不安について、あなたになら話せると感じるでしょう。両親や身近な保護者との絆が強く健全であれば、たとえ途中いくつかの問題があったとしても、子どもは粘り強くしなやかに成長していくものです。大人はまさに君たち子どものためにここにいるのだということ、子どもの悩みを真剣に受け止めること、大きかろうが小さかろうがどんな問題でも解決策を一緒に見つけようということを、しっかりと伝えてください。子どもが心配ごとを打ち明けたとき、けっしてその悩みを軽く見ないようにしてください。でも同時に、大げさに増幅しないように配慮してください。どちらも重要です。

解決すべき問題があるならその解決策に集中し、子ども本人と一緒にその方法を考えるようにしましょう。でも、お子さんはただ自分の気持ちを聞いてほしいだけ、ということもあります。そこはお子さんの様子をよく見て判断する必要があります。

お子さんの不安感が強まったり、パニックになったりするときは、子どもの脳が、何か危険があると告げているのだということを忘れないようにしてください。その子が特殊で扱いにくい性格だとか、なかば意図的に演じているなどと考えるべきではありません。

子どもがパニック発作に見舞われたときの対応としては、

- 子どもの目の高さにかがみ、一緒に深呼吸をする。
- ○○のことが心配な気持ちはよくわかる、と言葉にして共感を示す。
- 子どもが望むようであれば、手を握る。
- 身のまわりにあるものを数えたり（49ページ）、手形を使った呼吸法（44ページ）を試みる。
- 本人が落ち着きを取り戻すまで待って、解決のための話し合いを始める。まず事実を確かめるために、心の中の心配ごとに質問をしてみては？

子どもの気分が静まったら、そういうパニック発作のときにすべきこと、してはならないことを話し合って、次の機会に備えるのがよいでしょう。

たとえば、引っ越しのようにストレスになりやすい予定があって、子どもがそのことを心配しているようなときは、実際にはどんなことなのかをオープンに話し合う必要があります。子どもが自分の状態を把握するのに役立つような本やビデオを探してみるのもよいでしょう。あたりまえの日々の習慣をていねいに継続してください。子どもは、次に何をすべきかがわかっていると安心するものです。

死別や離婚といった深刻な事態に家族が見舞われたとき、お子さんに必要のない情報を与えるのは避けるべきでしょう。子どもにわかる言葉で説明してあげてください。子どもが自分の思いを素直に打ち明けられるように、そしてわからないことは遠慮せずに質問するように励ましてあげましょう。ただ大人にも答えがわからないときがあることは、恐れずに認めてかまいません。深刻な話題に触れるとき、多くの子どもは落書きとか塗り絵とか何か他の手作業をしながらの方が、落ち着いて受け止められるようです。その場で返答するより、あとで“お手紙”で伝えるほうが、自分の感じたことを表現しやすい子もいるかもしれません。

自分が盾になってでも否定的な感情から子どもを守りたい、という親心は自然なものです。でも不安を与えるものをただ避けるだけでは、その場では一時的な安心が得られても、長い目で見ると状況を悪化させることにもなりかねません。その状況を避ければ避けるほど、子ども自身の不愉快な記憶と連想は強固になってしまうことがあります。

回避して逃げるかわりに、その状況に関わるポジティブな思い出づくりのチャンスを、少しずつやさしく与えていく方法があります。たとえば暗闇を恐れる子なら、キャンプファイヤーに参加して、できたての焼き芋をほおばってみるなんてどうでしょう。水がこわくて泳ごうとしない子なら、潮だまりの浅瀬で遊ぶことから始めては？ 人前で話すのが苦手なら、家庭でちょっとした劇をやってみるのもよさそうです。

子どもが自信をもつように導く楽しい方法は、数えきれないほどあります。

本当に大丈夫かどうか、お子さんがたびたび尋ねる場合、なぜそれほど心配なのかという核心に向かうことが大切です。想定される最悪のシナリオ（そうなった場合でも大丈夫かどうか）、最良のシナリオ、そして最もありそうなケースについて、話してみてください。

お子さんの新たなチャレンジを応援しましょう。思い切ってやってみて、最初はうまくいかなくても構わないんだということを、しっかり伝えましょう。

最後に忘れないでほしいのは、あなたが罪の意識をふり払うことです。子どもが苦労しているのは親のせいだと自分を責めたり、子どもにできるだけ楽な道を歩ませようと親は考えがちです。でもちょっと待って、そんなときはあなたもひと息入れましょう。あなたもとてもがんばっているのです。子どもがしなやかで強い大人になるためのツールを与えているのですから。

ときにしばらくの間、不安な心境に陥るというのは、いい気分ではないにしてもごく正常なことです。でも、もし不安や心配がお子さんの日常生活に支障を来すようなら、医師に相談することも考えるべきでしょう。子どもが学校のことで悩んでいるなら、学校に相談することも必要です。忘れないでいただきたいのは、誰にでもよく効く特効薬のような解決策があるわけではないということです。深刻さの度合いや様相はさまざまで、解決法も多様にならざるをえません。

クレジット

pp.3, 13, 14, 19, 20, 22, 23, 25, 26, 28, 29, 31, 37, 41, 43, 45, 46, 49, 51, 55, 56, 58, 61, 64, 67, 72, 77, 82, 85, 86, 97, 100, 101, 103, 106, 111, 113, 114, 119, 127, 130, 137, 141, 144 – monsters © mers1na/Shutterstock.com
p.14–question marks © Nikolaeva/Shutterstock.com, scribble © MagicDogWorkshop/Shutterstock.com
p.22 – emojis © browndogstudios/Shutterstock.com
p.23 – sabre-toothed tiger © DIGITALIDAD/Shutterstock.com
p.25 – park © advent/Shutterstock.com
p.28 – doodles in thought bubbles© Daniela Barreto/Shutterstock.com
p.31 – boy and germs © advent/Shutterstock.com
p.32 – ghost and girl in bed © advent/Shutterstock.com
p.37 – flipchart easel © advent/Shutterstock.com
pp.38 and 39 – brains © Katrina Lee/Shutterstock.com
p.44 – hand © Panda Vector/Shutterstock.com
pp.46–48 – speech bubbles © mhatzapa/Shutterstock.com
p.49 – city scene © Lemonade Serenade/Shutterstock.com
p.51 – triangle © Plateresca/Shutterstock.com
pp.52 and 53 – cartoon strip © Brosko/Shutterstock.com
p.55 – world © Ohmega1982/Shutterstock.com
p.58 – child and parent © advent/Shutterstock.com
p.61 – dog © advent/Shutterstock.com
p.64 – table © fire_fly/Shutterstock.com, crystal ball © H Art/Shutterstock.com
p.67 – thought bubbles © NastyaBob/Shutterstock.com, lotus flower, candle, and pestle and mortar © Daniela Barreto/Shutterstock.com
pp.68–70 – thought bubbles © NastyaBob/Shutterstock.com
p.72 – children skipping © advent/Shutterstock.com, speech bubble © mhatzapa/Shutterstock.com
p.73 © advent/Shutterstock.com
p.75 © advent/Shutterstock.com
pp.76 and 77 – clipboards © Paket/Shutterstock.com
pp.80–83 – thought bubbles © NastyaBob/Shutterstock.com
p.82 – dog © advent/Shutterstock.com
p.85 – world © Ohmega1982/Shutterstock.com
p.87 – boxes © ADELART/Shutterstock.com
pp.87 and 88 – scissors and dotted lines © Evgeniy Belyaev/Shutterstock.com
p.91 © advent/Shutterstock.com

p.92 – girl © advent/Shutterstock.com, thought bubbles © NastyaBob/Shutterstock.com
p.93 – clipboard © Paket/Shutterstock.com
p.94 – © advent/Shutterstock.com
p.95 – thought bubbles © NastyaBob/Shutterstock.com
p.96 – clipboard © Paket/Shutterstock.com
p.97 – boy jumping off diving board © advent/Shutterstock.com
p.98 – clipboard © Paket/Shutterstock.com
p.100 – spotlight © advent/Shutterstock.com
p.103 – boy playing computer game and ball © advent/Shutterstock.com, speech bubble © mhatzapa/Shutterstock.com
p.104 – boy meditating © advent/Shutterstock.com
p.106 – speech bubbles © mhatzapa/Shutterstock.com
pp.107–109 – mirrors © advent/Shutterstock.com
p.111 – carrot on string © advent/Shutterstock.com
p.113 – bed © advent/Shutterstock.com
p.114 – children © advent/Shutterstock.com
p.119 – thought bubbles © NastyaBob/Shutterstock.com, book © trentemoller Shutterstock.com, palette and paintbrush © Khabarushka/Shutterstock.com
p.130 – children © advent/Shutterstock.com
p.131 – thought bubble © NastyaBob/Shutterstock.com
p.132 – question marks © Nikolaeva/Shutterstock.com
p.133 – spa items © Daniela Barreto/Shutterstock.com

［著　者］
ポピー・オニール（Poppy O'Neill）
ポーツマス在住の作家。彼女の短編小説とノンフィクション作品は、さまざまな文芸雑誌やアンソロジーに登場し、またショートショート作品は、バスフラッシュフィクション賞とブリストル賞の候補に挙がっている。

［訳　者］
渡辺滋人（わたなべ　しげと）
訳書に『きみは、きみのままでいい』『仕掛絵本図鑑　動物の見ている世界』（いずれも創元社）、『10代からの心理学図鑑』（三省堂）ほか。

〈おたすけモンスター〉シリーズ①
心配（しんぱい）ないよ、だいじょうぶ
子（こ）どもが不安（ふあん）を克服（こくふく）するためのガイド

2018年9月20日　第1版第1刷発行
2024年8月20日　第1版第8刷発行

著　者　ポピー・オニール
訳　者　渡辺滋人
発行者　矢部敬一
発行所　株式会社 創元社
〈本　　社〉〒541-0047　大阪市中央区淡路町4-3-6
電話　06-6231-9010(代)
〈東京支店〉〒101-0051　東京都千代田区神田神保町1-2 田辺ビル
電話　03-6811-0662(代)
〈ホームページ〉https://www.sogensha.co.jp/
印　刷　株式会社 太洋社

乱丁・落丁本はお取り替えいたします。

ISBN978-4-422-11686-0 C0311